我
们
一
起
解
决
问
题

非职业项目经理必修课

王二乐 乔锐 王欢◎著

人民邮电出版社

北　京

图书在版编目（CIP）数据

非职业项目经理必修课 / 王二乐，乔锐，王欢著
. -- 北京：人民邮电出版社，2023.3
ISBN 978-7-115-60340-1

Ⅰ. ①非… Ⅱ. ①王… ②乔… ③王… Ⅲ. ①项目管
理 Ⅳ. ①F284

中国版本图书馆CIP数据核字（2022）第201029号

内 容 提 要

项目是业务运行的主要方式，职场人士有很大一部分时间都处于各种项目场景中。成功管理一个项目已成为职场人士的基本技能。而对大量的非职业项目经理来说，他们在面对目标模糊、利益冲突、过程多变、任务独特的项目时，常常会陷入费时费力又无成效的困境。

为了使非职业项目经理快速摆脱困境，本书秉承简单、实用原则，为其提供了大量经实践验证过的有效方法、工具和模板。本书共分为五个部分：第一部分是项目管理基础，包括项目管理的原理、基础知识和思维共识；第二部分至第四部分按照项目生命周期的逻辑顺序，分别讲述了项目准备、启动、交付各阶段的核心主题，以及相关的项目管理关键策略、方法、工具和模板；第五部分则从如何更好地理解和洞察他人天性入手，介绍了临时性项目团队演进的方法和实践。

本书不但能助力非职业项目经理迅速提升能力，告别费时费力的项目交付，成功交付项目，从而在职场竞争中脱颖而出，而且还可以帮助已经在项目管理领域深耕的项目管理者把握复盘的机会，在未来的项目管理工作中成为更好的引领者。

◆ 著　　王二乐　乔　锐　王　欢
责任编辑　杨佳凝
责任印制　彭志环
◆ 人民邮电出版社出版发行　　北京市丰台区成寿寺路 11 号
邮编 100164　电子邮件 315@ptpress.com.cn
网址 https://www.ptpress.com.cn
北京九州迅驰传媒文化有限公司印刷
◆ 开本：880×1230　1/32
印张：6.75　　　　　　　　　　　2023 年 3 月第 1 版
字数：150 千字　　　　　　　　　2024 年 12 月北京第 9 次印刷

定　价：69.80 元
读者服务热线：（010）81055656　印装质量热线：（010）81055316
反盗版热线：（010）81055315
广告经营许可证：京东市监广登字 20170147 号

前言

事事皆项目，人人皆项目经理

本书为何而写

看看下面这些熟悉的工作场景：

- 发布一个全新的产品；

- 优化一次运营流程；

- 推动一波数字化转型；

- 开展一场专题培训；

- 举办一个市场活动；

- 安排一次沙盘团建；

- 组织一次办公室搬迁。

项目无处不在！不管承认不承认，职场人超过 60% 的时间都身处项目场景中，而且这种比例会越来越高！只要我们所面对的事情呈现出任务独特、有始有终、与人协同这三个特征，我们就是在做项目。

"事事皆项目，人人皆项目经理" 已经越来越成为这个时代职场人的共识，成功管理一个项目已然成为职场人的基本技能。对大量的非职业全职项目经理来说，当他们面对的是那些规模不大但数量不少，并且没有得到足够重视的项目时，常常会令其陷入费时费力又不讨好的困境，甚至面临职场出局的危险。

如何快速摆脱这种困境？是否应该从现在开始花大量时间系统学习复杂的项目管理知识和技能，参加职业项目经理的资格认证考试？这对大多数非职业项目经理来说既不可行，又没必要。这是因为，一方面，远水解不了近渴；另一方面，项目管理是实践性非常强的领域，非职业项目经理很难在短时间内掌握要领。为此，秉承简单、实用原则，我们编写了这本书，旨在为非职业项目经理提供助力。书中介绍了大量经实践验证过的方法、工具和模板，以及项目管理者必须具备的软技能。

谁最应该关注本书

本书适合对项目管理落地实践感兴趣的职场人士阅读，尤其适合以下人群：

- 临时承担各类项目任务的非职业项目经理；
- 没有对项目进行系统化管理的中小企业项目管理者；
- 想要快速交付的创业团队。

书中的黄金屋

本书共分为五个部分：第一部分的内容是项目管理基础，包括项目管理的原理、基础知识和思维共识；第二部分至第四部分按照最符合人们习惯认知的项目生命周期的逻辑顺序，重点讲述了项目准备、启动、交付各阶段的核心主题，以及相关的项目管理关键策略、方法、工具和模板，目的是告诉大家如何快速应对项目工作中普遍存在的挑战，即目标模糊、利益冲突、过程多变、任务独特、时间受限和资源瓶颈；第五部分从如何更好地理解和洞察他人天性入手，特别介绍了临时性项目团队演进的方法和实践，以激发团队成员的活力，使项目跨职能人员更加有效地协作。每节主题内容中的"提问一刻"既是对本节重点内容的总结，也是项目管理者的行动指南。

本书是目前获得 5 000 多名学员认可的版权课程"项目管理第一课"的辅助教材，它满足了学员对课程配套教材的需要，大大方便了学员做课堂笔记及课后的复习回顾和实践。

　　项目管理工作的特点是知易行难！读者可以根据自己的实际需要从本书的任何部分开始阅读。希望本书能助力非职业项目经理迅速提升能力，告别费时费力的项目交付，从容应对压力，成功交付项目，在职场竞争中脱颖而出！也希望本书可以帮助那些已经在项目管理领域深耕的项目管理者把握复盘的机会，在未来的项目管理工作中成为更好的引领者。

目录

> **第四部分**

项目交付阶段：
如何成功地执行项目

第一部分

项目管理基础：

如何确保项目在正确的轨道上运行

本书的这一部分阐述了项目管理基础，包括两种不同视角下的项目的定义、三种项目类型的典型特点、影响项目成功最关键的三种思维，以及项目经理在不同项目场景中需要扮演的多重角色。

1

降维视角和升维视角下项目的定义

降维视角和升维视角下项目的定义如下。

A. 项目是一项临时性的独特任务。

B. 项目是一种临时性的组织方式。

以上两种定义都正确，体现出了不同视角下的思考维度。

定义 A 从项目的**任务属性**出发，强调项目任务不同于日常工作的独特挑战性，体现了项目存在的基础。这也正是项目管理协会（PMI）对项目的定义，即从具有挑战性的专业任务视角（事）来解读一个项目，我们称这种视角为**降维视角**。

定义 B 从项目人员的**关系属性**出发，强调承载着各相关方利益实现的临时性项目的组织方式不同于其他职能管理，体现了项目存在的本质。这是全球公认的项目管理最佳实践方法 PRINCE2 对项目的定义，即从各方利益共赢的商业利益视角（人）来看待一个项目，我们称这种视角为**升维视角**。

项目是复杂的、充满挑战的。如果完成项目的挑战主要来自人员的协作，比如一个流程智能化改进项目，那么如何构建一个健康的临时性项目组织，并通过有效的分工合作，实现项目各方利益共赢就尤为关键。如果项目的挑战主要来自交付任务的专业或技术难度，比如一个小团队的产品研发创新类项目，那么如何依赖主题专家有效拆解任务并高效完成交付就尤为关键。

因此，选择从哪种视角定义一个项目，需要项目管理者能够洞察自己的项目情境，从化解项目面临的挑战、解决项目实际问题着手，找到自己正确的价值定位。

提问一刻：

- 两种项目的定义最大的区别是什么？
- 你的项目情境更适合哪种项目的定义？
- 作为项目经理，你在项目中的价值定位是什么？

2

三种项目类型的典型特点

不同于日常性的任务管理，也不同于专业化的职能管理，为完成项目独特交付物的临时性组织，必然有其特别的管理原则、思维、方法和工具。

正如前面所述，视角不同，项目的定义就不同，项目管理的思维也会不同，而项目管理思维直接决定了项目能否处在正确的管理轨道上。另外，交付的项目类型也会在很大程度上影响项目管理的思维方式。我们可以大致把项目分成三类，它们之间并没有严格的界限。

（1）**产品研发或交付类项目**：这类项目往往独特性偏高，专业技术要求高，多由专家型项目经理主导。在快速多变的商业环境下，对于这类项目，可以考虑选择小步快跑的敏捷交付方式来实现商业价值，比如，推出新款 App 或新款产品等。

（2）**变革或改善类项目**：组织多半通过这类项目达到降本增效的目的。这类项目往往会伴随着用户行为习惯的改变而改变，所以项目做完不易，做成更难，比如组织推动的内部报销系统的项目、数字化转型项目等。

（3）**事件或活动类项目**：这类项目往往有明确的时间约束条件，跨职能多，过程的不确定性因素多，所以这类项目往往特别依赖行业经验丰富的项目专家，特别是专业性的外包机构，比如新产品发布会或路演、公司"双十一"或"6·18"促销项目等。

3

影响项目成功最关键的三种项目管理思维

接下来，我们用一个"2×2"结构化矩阵（见图 1-1）来拆解一个项目场景，以便更好地理解在项目管理中应该有的正确思维。矩阵的横轴代表评估项目完成的关注点，即是关注项目收尾阶段的"输出"还是项目收益实现的"结果"。矩阵的纵轴代表项目的两种定义，也就是完成项目所面临的两大挑战，即人员协作的"繁杂关系"和任务的"专业技术复杂度"。

繁杂关系
(Complicated)

输出   结果
(Outputs)   (Outcomes)

专业技术复杂度
(Complex)

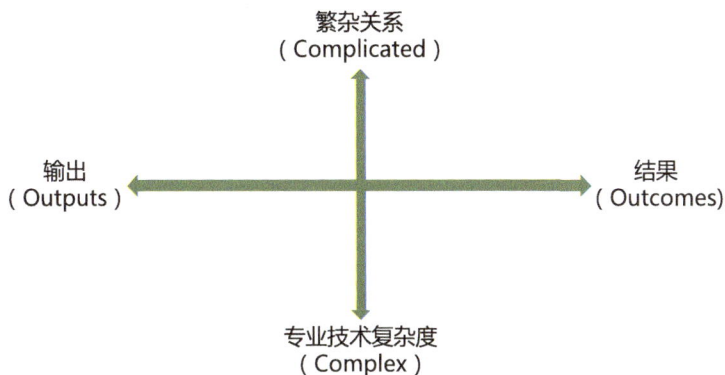

图 1-1　项目场景的结构化矩阵

　　虽然项目本身的交付已极具挑战性，但是项目的终极目标是让项目的关键利益相关方满意，即实现他们的收益。这就要求项目经理要时刻有正确的项目管理思维。

共识胜过对错：求同存异思维

　　在做项目的过程中，利益相关方的繁杂性决定了项目经理要有求同存异的心态和思维。在项目管理过程中，需要抛弃非黑即白的是非观，将其变成灰度思维，重要的是组织大家达成共识。如果目前很难达成共识，那么先往前挪一小步，短时间内尝试，然后再取得共识。求同存异思维对利益相关方尤为重要。

路径胜过答案：渐进明晰思维

不同于静态的固定靶，项目更像是移动靶，往往没有标准答案，这是由项目任务的复杂性决定的。如果想在找到标准答案后再行动，那么有这种思想的人就不适合做项目。因为在项目运行中，团队不能一次解决所有事情，类似于航海，更多依赖的是路径法，需要团队成员一步一步共同创造出答案。如果一个项目有了明确的标准答案，那么这类任务往往更接近日常运营工作，而不是项目任务。

另外，如果项目产出不是分批分阶段地发布使用，那么会对使用者造成很大的冲击。也就是说，变革的烈度越高，项目失败的概率就越高。因此，项目经理更需要在项目过程中组织大家达成共识、共同创造。事实上，只有经过团队共同创造出的项目成果才能最终得到大家的认可。渐进明晰的路径思维尤其适合过程不确定性高的事件类项目。

做成胜过做完：以终为始思维

项目的终极目标就是要关键利益相关方满意，这其实需要项目经理具有成就利益相关方的思维。当项目经理组织的项目团队如期交付项目时，利益相关方满意吗？尤其是给项目投入人力、财力、资源等的发起方。所以，项目经理不仅要关注项目交付，更要关注项目发起方的初心。以终为始，实现利益相关方的项目目标，即把项目做成、做好，而不仅仅是做完交差。

对于产品研发或交付类项目，做成的重要标志是使用产品的用户实现了他们的收益；对于变革或改善类项目，做成的重要标志是项目成果在运营环境中转化为收益；对于事件或活动类项目，做成的标志会有很大的差异性，需要利益相关方对成功的标准达成共识。

项目管理的正确思维

共识　胜过　对错；

路径　胜过　答案；

做成　胜过　做完。

右边的价值固然重要，但我们更强调左边的价值。这就是我们强调的影响项目成功最关键的三种项目管理思维。

提问一刻：

- 用本节描述的"2×2"结构化矩阵拆解你的项目场景，理解你的项目聚焦点是以"做完"为导向还是以"做成"为导向。

- 三种类型的项目的特点和挑战有什么不同？你的项目属于哪种类型？
- 哪种项目管理思维对你的冲击最大？

4

项目经理要扮演千人千面的多重角色

作为项目经理，你在项目中的价值定位是什么？

事实上，这个问题的答案千差万别，而且时有争议。为了更好地理解项目经理的价值定位，我们通过"2×2"结构化矩阵来拆解一个典型的项目场景。基于此共识，项目经理在项目场景中需要扮演四种不同的角色（见图1-2）。

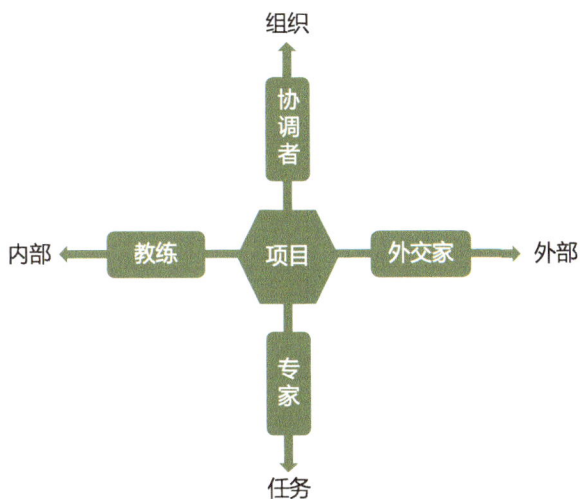

图 1-2　项目经理需要扮演的四种不同的角色

这里，我们选择用纵轴来表达项目的两种定义，即临时性任务和临时性组织；用横轴来表达临时性组织的两种挑战来源，即组织内部的成员协作和组织外部的相关方协同。

下面，我们就基于"2×2"结构化矩阵来分析一个项目。

（1）处理专业技术任务的难度更大，还是处理人员关系的难度更大？应该优先选择任务属性的项目定义，还是关系属性的项目定义？

（2）项目的最大挑战是来自组织内部的项目团队成员，还是组织外部的利益相关方？也就是说，应该优先选择"攘外必先安内"策略，还是"一致对外"策略？

定位于服务型项目管家的项目经理应该基于项目需要，最大化发挥其价值。基于不同项目场景中开展项目的方式及侧重点，项目经理需要扮演如下角色。

专家

如果把项目定义为一项独特的临时性任务，那么项目经理扮演的就是主题专家或专业师角色。专家必须能够理解这项任务并明确如何交付，而且他们往往也是专业技术的权威评判者。当然，对于侧重完成专业性任务的项目，需要继续拆解，进而判断这个产出物是否繁杂、是否独特性高。

如果项目产出物繁杂且独特性不高，那么基本有明确的参考答案，比如，一个成熟的硬件技改项目或一本经典工具书的翻译项目。你可以由繁至简逐步拆解，拆解到比较明确的可以交付的层次，然后再逐步集成，最终交付一个完整的产出物。

如果项目产出物比较独特、创新性高且不明确，比如，一个新的 App 或一门新的课程往往需要能力比较强的团队参与，采用敏捷思维，小步快跑，快速做出一个最小可行产品（MVP）或方案，去实践场景中验证，快速获取反馈，据此逐步调整交付，最终通过一次又一次的迭代验证逐步交付出独特性和创新性比较高的项目产出物。

协调者

如果把项目定义为一个临时性的组织方式或关系，那么项目经理扮演的就是协调者的角色。项目团队是临时组成的，对于内部关系，除了做好分工之外，还要推动团队共同协作往前走；对于外部关系，除了交付约定范围内的产出物之外，过程中还有好多事需要大家一起合作，最终实现项目产出物的交付和使用。这个角色定位类似于"联合国秘书长"。

教练

如果项目的成败十分依赖于项目内部成员的协作能力，那么项目经理扮演的就是团队教练的角色。对于临时性的项目团队，项目经理需要做的是为团队成员扫清障碍，创造团队可以专注于交付的健康的环境，鼓舞士气，引导团队协作，特别需要通过个人影响力等软技能来激励团队，朝着项目目标不断前进。

外交家

如果项目的成败十分依赖于外部利益相关方，那么项目经理扮演的就是外交家的角色。因为项目团队是临时组成的，所以"攘外必先安内"的直接条件往往不具备。正确的策略往往是先从项目团队外部的关键利益相关方着手。项目是典型的跨部门甚至跨公司的，所以需要先达成利益共识。只有让这些关键利益相关方关注他们在项目中的利益，他们才会支持和配合项目工作。

项目经理需要关注和平衡各方利益，进行沟通谈判，调动各种资源。也就是说，项目经理既要和外部保持一定的关系，又要确保内部能够有效利用有限的资源及时完成任务，这对项目经理来说是一个非常大的挑战。项目经理在和项目组织外部利益相关方谈判的过程中，更多需要寻找利益共同点，做出双赢的选择，这对于大型、复杂的项目或资源匮乏的项目来说尤其重要。

综上所述，项目经理需要根据不同的项目场景有所侧重地选择四种角色中的一种或几种（一种主要角色，几种辅助角色）来管理项目。当然，这四种角色可以在组织中通过项目团队成员间的互补来扬长避短，这往往也是最可行的做法。项目管理本身是在资源有限的条件下进行的，所以项目管理中一个非常重要的解决思路是基于现状解决问题，而不是改变他人。作为管家式服务型项目经理的价值定位是，既要因地制宜、应需而变，又要因人而异、千人千面，扮演好不同的角色，创造出不同的价值！

提问一刻：

- 在复杂项目场景下的四种角色中，哪种角色对你的挑战最大？
- 作为混合角色的管家式服务型项目经理，你如何基于项目需要与自己的优势分配不同角色的占比？

第二部分

项目准备阶段：

如何高效地达成项目共识

本书的这一部分首先阐述了项目经理在项目准备阶段，需要和项目发起方（委托方）澄清、明确项目目标、边界、假设条件、约束条件和重大不确定性风险；其次阐述了如何通过雷达图画像对项目复杂度及其相应的项目管理思维达成共识；最后介绍了可以选择的项目方案、交付方法和项目启动时机。

5

澄清项目目标、边界、假设条件和约束条件

虽然项目经理多是非职权的协调者，不是项目的决策者，但是项目经理对项目的成功交付极其关键。仅拥有微权力的项目经理需要尽可能在项目立项阶段及早参与决策输入，充分发挥影响力，从而影响项目决策，最大可能地避免一开始就选择一个错误而且交付难度还不小的项目。项目经理在这个阶段要基于商业思维，参考问题清单来澄清和确认模糊的项目边界、

项目最终目标、进入后续启动阶段的前提条件（包括项目假设条件、约束条件）、重大障碍和风险等，积极推动各利益相关方求同存异，达成共识，尤其是要引导项目发起方对项目抱有现实的合理预期，尽管这些问题的答案是渐进明晰和渐进明细的。

项目经理在项目准备阶段的问题清单如下。

（1）代表项目发起方（出资方）、受益方（使用方）和交付方（实施方）三方利益的项目管理委员会是否已经成立？

（2）定性的、强关联的、有吸引力的项目的最终目标是否已经明确？

（3）各利益相关方对项目"做完"和"做成"的衡量标志是否已经达成共识？

（4）完成项目任务的临时性组织边界是否已经被澄清？

（5）为了启动项目，各利益相关方做出的项目假设条件是否经过验证？

（6）对已知的项目约束条件（如时间、资源瓶颈或依赖关系）和障碍是否已经达成共识？

（7）对未知项目最大的不确定性风险（影响"做完"和"做成"），即对最坏的情况是否已经达成共识？

（8）从以前类似的项目（内部或外部）中总结的经验与教训是否得到确认并对其进行了恰当的应用？

提问一刻：

- 通过澄清项目准备阶段的问题清单，你对做成项目的信心指数有多高？

- 你是否通过发挥项目经理的影响力来引导和管理利益相关方，特别是发起方对项目的合理期望？

6

从项目的五大特征来洞察项目复杂度

在项目准备阶段，项目经理的另一项重要工作就是组织项目各方对项目复杂度达成共识，这个共识直接影响项目交付策略和方法的选择。这里，我们从项目的五大特征（见图 2-1）来洞察项目复杂度。这些特征既是项目存在的价值基础，又是项目的种种挑战（难点）的根源所在。项目经理对此必须有深入的理解并制定应对策略，从而更从容地开展项目工作，成功交付项目。

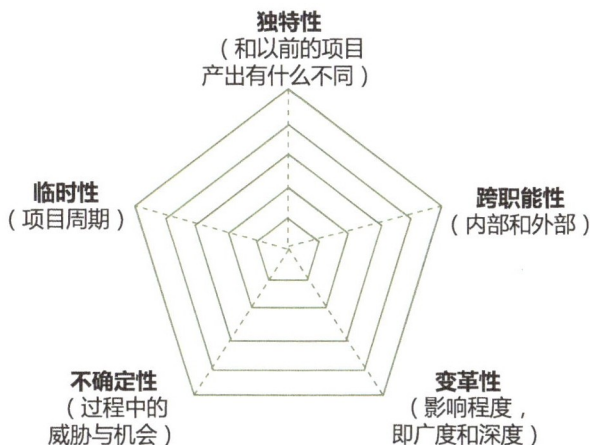

图 2-1　雷达图：项目的五大特征

独特性

天下没有一样的项目，项目的独特性也被称为项目的唯一性或差异性。每个项目都有其独特不可替代的价值，而且构成项目的组合因素一定在某个方面是唯一的，这也是项目存在的价值基础和基本特征，即独特性是项目任务区别于日常重复性运营工作的根本所在。

　　项目产出（产品）的独特差异性往往既是项目专业技术的难点，又是项目的创新机会所在。一般来说，项目产出越独特，可参考物就越有限，项目失败的概率就越高，但这样的项目一旦成功，其影响力和价值通常也越大。这类项目，特别是典型的企业全新产品研发类项目，往往特别需要项目团队成员之间通力协作，运用渐进明晰的项目管理路径思维和敏捷迭代的交付策略。

跨职能性

　　项目的跨职能性是指不同技能、不同职能部门甚至不同组织的项目团队成员临时在一起工作。项目的这种临时组织形式就是用来管理跨职能协作的，其目的是让不同职能部门的人为了实现共同目标而临时打破边界进行有效协作。这意味着项目团队内部一定存在目标和利益不同的利益相关方，他们会产生不同的影响。例如，对发起方和交付方来说，因为双方参与项目的动机通常不同，所以项目往往伴随着组织内部或组织之间的紧张、压力和冲突。

项目所具有的跨职能性特征有助于识别部门内临时性阶段的任务小组，避免出现过度管理。当项目的跨职能越多，特别是需要跨其他不同的组织时，项目组分工就越需要被强化，即对明确角色、职责和任务的要求就越高，越需要进行分层管控。对于这类项目，基于求同存异，对利益达成共识的项目管理思维应该更适合，如典型的员工报销系统项目。

变革性

项目是引入变革的手段。从项目产出到项目成果的转化直至最终收益的实现，期间必然涉及对人（用户）的行为和习惯的改变，这具有极高的挑战性，因为很少有人会愿意主动改变自己，不论在工作中还是在生活中，改变习惯都是相当不容易的。但如果这种改变不成功，就无法实现项目收益。也就是说，这个项目是失败的。

　　作为关注价值实现的项目经理，对项目目标实现的难度，特别是项目收益实现的难度，需要一开始就从利益相关方特别是项目产出的使用者的视角思考和部署，基于"做成"胜过"做完"的项目管理思维，以步步为赢的敏捷变革策略有节奏地交付产品，从而波浪式地影响用户并改变其行为，实现项目收益，如企业数字化转型项目。

不确定性

　　项目的不确定性即项目过程的未知性。项目本身固有的特点必然会使得项目过程比在正常经营中遇到更多、更大的机会与威胁。因此，项目必然具有不确定性。这种风险事件可能来自组织内部，如关键项目成员流失、项目资源的冲突；也可能来自更加不可控的组织外部，如监管政策的改变、技术的更新、新冠病毒疫情的影响等。"计划赶不上变化"这句话很好地诠释了面对高度不确定性项目，项目经理更需要多划分路径阶段，即采用步步为营的路径思维策略，以阶段的确定性来管控项目周期的不确定性，分阶段聚焦项目成果的敏捷交付策略。

临时性

临时性充分体现了项目的生命周期特征，即项目有明确的开始时间和结束时间。因为项目目标关注的层次不同，如产出、能力、成果或收益，所以项目涉及的利益相关方也不同，项目开始时间和结束时间自然也不同。

虽然每个项目的开始时间和结束时间需要有明确的共识，但不存在公认的标准。不管如何定义，由于其临时性特征，因此更需要通过启动、阶段评审、收尾等仪式感强化其存在的价值。

"锣鼓长了没好戏"这句话很好地诠释了动态多变的商业环境下项目周期长所带来的项目的高度不确定性。通过对项目进行分期、设置里程碑、聚焦价值交付的敏捷策略往往是应对这种挑战的上策。

贴士："敏控敏控"小程序

（1）打开微信搜索"敏控敏控"小程序。

（2）点触"项目雷达图"，选择一个符合自己实际情况的项目，完成项目的雷达图画像。

（3）点触"分析"，了解所选项目的敏控度及推荐的敏控策略。

一项工作能够被称为项目，就一定具备独特性、跨职能性、变革性、不确定性和临时性五大特征。我们把不确定性对项目目标的影响称为项目风险。

提问一刻：

- 项目的五大特征分别对应的最适合的项目管理思维是什么？

- 尝试用"敏控敏控"小程序完成一个已经收尾的项目的雷达图画像。你得到的启发是什么？

- 尝试用"敏控敏控"小程序完成一个正在交付的项目的雷达图画像。你对完成这个项目的信心指数有多高？

7

在项目方案、交付方法和
启动时机上达成共识

　　不同于"做完"即"做成"的日常重复性的例行工作，临时性项目任务本身就带有挑战性，如期顺利交付（即做完）已不易，把项目成果转化为最终收益（即做成）就更难了，所以项目成功是小概率事件。一个项目的成功至少包含三个关键要素：项目交付的是一个正确的产品，即这个产品是客户真正需要的产品；配置了正确的项目团队；项目交付的产品正好处于一个合适的时间窗口，即正确的时机。基于项目准备阶段的问题清单和项目的雷达图画像，你对把项目"做完"和"做成"的信心指数有多高？

在项目准备阶段，对是否是"正确的产品、正确的团队、正确的时机"这三个问题的回答往往带有很多假设和判断，答案多半是模糊的。所以，项目经理需要协调项目各方利益代表，尤其是项目发起方代表，与其就合适的项目方案、合适的交付方法和合适的项目启动时机达成共识。

正确的产品、正确的团队、正确的时机，三个"正确"缺一不可，否则项目难以成功。所以，主动选择放弃或暂时等待的项目方案在大多数情况下都是一种正确的选择。

贴士：最佳项目管理实践方法论 PRINCE2 中关于项目的定义

项目是按照一个已经达成共识（项目关键相关方的利益交集）的商业论证（发起方的投资可期待，使用方的收益可达成，交付方的产品可交付），为了交付一个或多个商业产品（正确的产品，即客户认可、市场接受的产品）而创建的一个临时性组织（正确的项目团队）。

示例：教育投资

因为有比较优惠的促销政策，所以家长在一家培训机构给孩子报了钢琴课。这里，家长是投资方，希望这种投资是值得的；培训机构是交付方，最关心的是可以兑现自己的服务承诺；孩子是使用方，最关心的是能否不要太苦太累就能快速提升自己的技能。这个学习项目成功的一个重要前提是孩子会持续练习，而这往往需要家长的陪练。实践证明，在大多数情况下，这个假设条件不成立。

因为受到小伙伴们的影响，孩子特别想学习钢琴。从项目角度论证，好的做法是寻找一家专业机构或一位专业老师，尝试几次课程，实际验证孩子的音乐天赋水平，了解孩子是一时冲动还是真的有兴趣学习钢琴，然后再考虑报培训班或买钢琴。在这个过程中，家长需要不断调整目标。特别是随着孩子学业负担的增加，如果身心疲惫，那么学习钢琴的负面影响远远大于正面收益，这时，也许就是孩子主动放弃学习钢琴的时机了。

虽然主动放弃可以大大降低项目失败的概率，但是也在一定程度上放弃了项目成功的可能性。除非项目各方收益显而易见，否则大部分项目需求在创意或准备阶段是比较模糊的，尤其是在当下复杂多变的商业环境下。那么，如何提高项目成功的信心指数呢？我们可以采用"大胆假设，小心求证，从步步为营到步步为赢"的以终为始的路径法去渐进明晰，即通过"产生创意—进行假设—用最小可行产品（MVP）进行验证—得出基于事实的结论—进行决策（精细精进、动态调整或直接放弃止损）"这一循环路径决策过程，以最小的代价、最快的速度在实际场景中验证这是否是一个项目发起方、使用方和交付方可以求同存异、达成共识的项目。这正是符合复杂多变时代聚焦价值交付的敏捷实践。

贴士：最小可行产品（MVP）或最简解决方案（MVS）

MVP/MVS 是《精益创业》（*The Lean Startup*）作者埃里克·莱斯（Eric Ries）提出的，其目的是以最低的代价、最快的速度第一时间验证产品是否真正满足用户需求，即是否有真正的商业价值。

示例：新课程开发

开发一门新课程，可以第一时间发布一个课程大纲（MVP），测试一下目标学员的报名数量。

选对项目比如何正确交付项目更重要。要选择难而正确的项目，正确的项目一定是发起方、使用方和交付方三方利益成功实现的交集，即项目的成功就是他人（关键利益相关方）的成功，尽管各方的利益实现时间有先后顺序。当面对充满未知的未来场景时，选择项目的上策是首先选择不做的项目，然后再选择要做的项目，一旦选择要做的项目，就要用投入少、改变小、周期短的 MVP/MVS 交付策略实际验证假设条件是否成立。项目经理在项目前期的准备阶段要通过专业的提问来澄清、确认项目的各种基线（目标、边界、条件等），当然也不能忽略项目启动的正确时机，因为好的开始是项目成功的一半。这时，项目经理就需要考虑运用起点效应和新起点效应。

贴士：起点效应

好的开始是项目成功的一半！起点在整个事情发展过程中具有非常重要的作用，会一直影响到终点。所以，当我们打算开始做一件事时，需要思考当下是不是可以开始的时机。例如，一年之中总有一些日子是适合我们开始改变自己的，如每月的第一天、每周的周一、生日、纪念日、重要节日等。选择一个有意义的日子作为起点，就相当于为这个起点做了能量加持。

贴士：新起点效应

运用新起点效应能让我们摆脱过去的窘境，重新开始，从而更加专注于当下的目标，同时也可以帮助我们有效避免过度陷入繁杂的细节之中。所以，对一个开局不利的项目团队来说，为了稳定局面，项目经理可以尽早找到一个对团队有特别意义的时间点作为新的起点重新开始，彻底摆脱出师不利的影响，帮助团队尽快回到正轨，团结一致向前看。

日历上的某些日期比其他日期更重要，人们可以用此来划定时间界限，结束一个周期，进入另一个周期，开启全新的旅程。

提问一刻:

- 为什么暂时选择不做是项目方案的第一选择？

- 面对模糊多变的、充满着不确定性的环境，选择更加敏捷的交付方法和策略（**MVP/MVS**）对你的项目来说意味着什么？

- 你是否考虑过如何选择合适的项目启动时间，以充分发挥项目的起点效应和新起点效应？

第三部分

项目启动阶段：

如何有效地规划项目

本书的这一部分首先阐述了项目经理在项目启动阶段，应该如何与项目的关键利益相关方（发起方、受益方和交付方）就项目成功的六大指标达成共识，并且围绕项目可观察、可比较、可衡量的预期结果与项目相关方建立起联盟；其次介绍了如何运用结构三分法的基本逻辑和将项目任务进行有效拆解与合理规划的工具；最后介绍了不同类型的进度管理方法所采用的工具和技术。

8

以终为始，确定项目成功的六大指标

　　项目成功的评价指标为收益、范围、质量、时间、成本和风险。这六大指标是项目绩效结果最直接的评价维度，我们也将这六大指标称为项目目标达成指标。这六大指标如下。

　　（1）**收益**是关于"项目成功与否"的问题，关系到我们做项目的初心，即为什么要做项目。项目的预期收益需要在项目立项阶段定义清楚，包括由谁衡量、衡量什么、何时衡量和衡量标准等。如果前期不定义清楚，后续就很难评价。一般来说，我们会对收益设定一个容许偏差，也就是收益可以实现得多一些或少一些。例如，对于一个以降低20%的成本为收益目标的项目，可以设定 ±5% 的容许偏差。当评价项目收益目标时，将实际收益与收益目标相对比，在容许偏差之内即满足目标，反之则不满足目标。此外，评价收益的难点在于大部分项目的收益是项目结束后才产生的，而到那时项目团队已经解散。如何能持续地衡量收益，需要组织层面制定一些机制，在项目结束后，有专门的人对项目进行评价和跟踪，这样有助于组织根据项目收益是否实现和实现的程度做出后续的战略调整。

（2）**范围**是关于"项目交付物多少"的问题。由于利益相关方对范围的考虑往往不一致，因此确定项目范围具有一定的难度。明确项目范围一般需要进行优先级排序。对项目的交付物进行优先级排序也是为项目的范围设定容许偏差的做法。例如，一个项目可能要求完成所有"必须完成"的交付物，即强制性的部分；而对于"应该完成"的交付物只要求完成一半，即期望的部分。项目经理需要养成在项目前期与关键利益相关方确认项目范围优先级的习惯，因为项目的资源和时间有限，要确保项目在有限的时间和有限的资源条件下完成优先级高的工作。

（3）**质量**是关于"项目交付物好坏"的问题，也就是项目的产出物是否满足目标。项目经理在立项阶段就需要和关键利益相关方就项目交付物达成的质量验收标准及所需满足的过程合规标准达成共识，并在立项文档中说明。一般来说，这个部分包括项目产品的质量标准、验收方法和验收准则。我们同样需要对质量目标设置容许偏差。例如，一个项目要研发一款新型的运动手表，要求其可以在50米（偏差±5米）的水深中正常工作。关于项目质量的评审，首先要经过内部项目质量评审会的评审，以保证产品质量满足内部质量标准；然后要通过客户的验收，确保符合客户对质量的期望。需要特别强调的是，质量和范围这两个指标是紧密关联的，我们可以称其为一张纸的两面，其中任何一个指标发生变化，另一个指标一定会随之发生改变。也就是说，如果项目的范围发生变更，那么质量要求也一定会随之变化，反之亦然。

（4）**时间**是关于"项目在什么时候完成"的问题，也被称为项目的周期或进度。时间评价的依据需要在立项文档中明确说明。项目时间目标可以分为整体时间目标和阶段时间目标，一般会根据整体目标和阶段目标分别定义被容许的时间偏差，也就是延长或缩短一定的时间。当评价项目时间目标时，我们可以将实际的完成时间和目标时间进行对比，如果在容许偏差范围内，那么说明项目符合时间要求；如果超出容许偏差范围，那么说明项目不符合时间要求。制定阶段时间的目标是为了降低风险，避免项目达不成整体时间目标。如果在进行阶段目标评价时，已经发现超出阶段容许偏差，就要及时采取纠正措施，使项目尽快回归正轨，避免无法达成最终的项目时间目标。

（5）**成本**是关于"是否负担得起项目花费"的问题。项目的总成本是将所有要花费的资源和资金累加在一起形成的，并会明确写在项目的立项文档中。项目总成本经过审批后，就成了项目预算，它是项目考核的重要依据。我们一般会制定项目整体成本目标和阶段成本目标，并设定相应的容许偏差，也就是增加或减少一定的预算。在评价项目成本时，我们将实际花费的成本和项目预算进行对比，以此判断项目成本是否超支。阶段成本目标的设定是为了有效控制成本，避免无法达成项目整体成本目标。

（6）**风险**是关于"到底准备接受多大程度的项目不确定性"的问题。风险伴随着项目而产生，任何项目都伴随着风险。对风险的接受程度一般是通过风险的预期货币价值来评价的，即风险成本目标。在项目立项阶段，设定一个风险成本目标，比如，可以将其设定为项目预算的10%，即如果风险发生，将造成货币影响累加后超过项目整体预算的10%，说明没有达成目标。对于风险成本不好估算的项目，可以设定几个关键指标作为风险预期目标。如果将这些指标控制在预期目标内，就说明项目达到了风险评价指标的要求。

这六大指标还可以通过两两配对的方式理解。成本和收益是一对，可以从投资和回报的角度对比项目是否有利可图。质量和范围是一对，它们共同关注的是产品，用以衡量项目目标的达成。风险和时间是一对，它们从项目的模糊度和复杂度分析风险，调整项目周期。时间和风险成反比例关系，如果风险大，那么可以缩短时间；如果风险小，那么可以延长时间。

需要特别注意的是，不同项目对这六个指标要求的优先级是不同的；即便是同一个项目，各利益相关方的关注点也不同。我们可以通过一个"3+3"的结构图来理解这种差异（见图3-1）。这也是利益相关方在项目中产生冲突的重要原因。

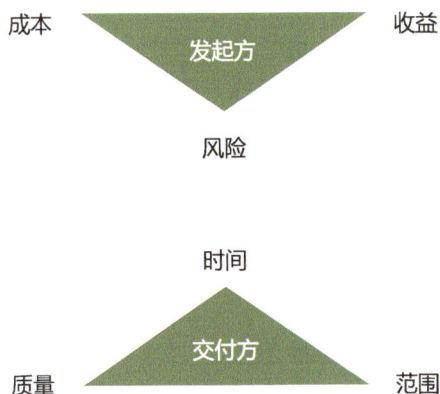

图 3-1　六大指标的"3+3"结构

　　从发起方的角度来看，在这六大指标中，他们更侧重于关注收益、成本和风险。因为这三个指标构成了一个完整的投资回报逻辑。收益代表项目最终会有多少回报，成本代表投入有多少，而风险则代表项目的不确定性程度。通常情况下，收益的实现是比较滞后的，可以通过控制成本来降低对收益的期望。如果项目收益特别高，而成本特别低，那么这样的项目通常风险也特别高。发起方希望看到的是这三个指标的合理平衡。

　　从交付方的角度来看，在这六大指标中，他们更侧重于关注范围、质量和时间。范围表明交付方要交付什么，一般范围有一定的模糊度，需要尽量明晰。范围一般通过质量来控制，需要通过验收标准来检验质量。同时，时间也是交付方比较关心的问题，即要求在什么时间内完成交付。

通过对项目六大指标的描述，我们还可以发现这六大指标其实不是简单的并列关系，它们之间还存在着一种"1+4+1"的结构关系（见图3-2）。

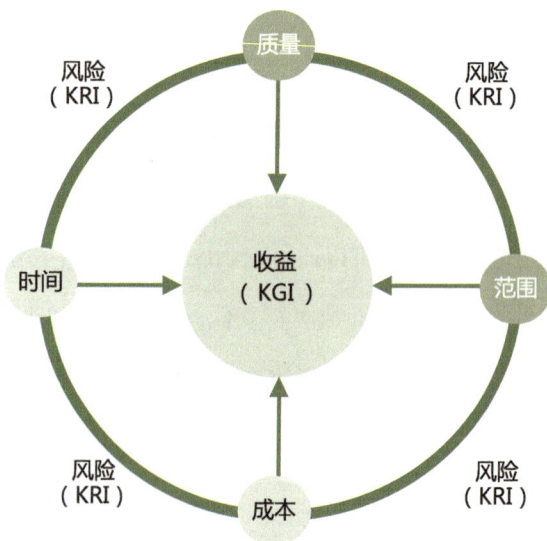

图3-2 六大指标的"1+4+1"结构

"1+4+1"中的两个"1"分别指风险和收益，"4"是指范围、质量、时间和成本。收益对项目最重要，处于中间位置，所有其他指标都围绕收益而调整；风险贯穿项目始终，人们随时都可能面临风险，并且任意改变其他四个指标，都可能会面临新的风险，需要随时做出风险应对方案；对于范围、质量、时间和成本，可以根据项目的性质和类型进行调整，比如，互联网企业在面向新兴市场的项目时，可以将时间和成本固定，弹性调整范围，而质量是硬性要求，不能调整；对于传统的瀑布型项目，则可以将范围和质量固定，弹性调整时间和成本。

项目的关键利益相关方首先会关注收益，即关键目标指标（KGI）。这是项目成功的标志，但这个指标往往是滞后的，人们在项目过程中往往无法直接把握它。项目过程中有四个关键绩效指标（KPI）：范围、质量、时间、成本，这四个KPI影响着KGI的结果。人们从专业视角特别关心的是应该做什么和做到什么程度，即范围和质量；人们从商业视角特别关心的是花多长时间、多少钱，即时间和成本。在这四个KPI控制和影响收益的过程中，还有一个风险预警指标（KRI），它可以帮助项目进行过程预警，比如，多大可能性实现收益；多大可能性控制成本；多大可能性按范围交付；多大可能性质量达标。不确定性越高，风险越大，成功的可能性就越低。

▍贴士：找到关键 KPI

管理项目的关键是要在这四个 KPI 里面找到适合自己项目的 1~2 个关键 KPI。

▍示例：电商平台的关键 KPI

不同的电商平台通过抓住项目中追求的"多、快、好、省"维度中的一个，做大做强。淘宝的主要抓手是"多"，即产品大而全；京东的主要抓手是"快"，即通过更快的物流打造自己的核心竞争力；拼多多的主要抓手是"省"，即通过帮助用户省钱来创造竞争优势；苹果手机的主要抓手是"好"，即以质量维度为导向，"好"是比较主观的一个概念，因为每个人认为的"好"可能不一样。

实际上，项目管理过程就是利益相关方之间博弈的过程，项目的六大指标如何衡量，取决于项目的真实情境，一般通过利益相关方所达成的共识来衡量。项目经理在管理项目的过程中，需要结合项目的具体情境，平衡这六大指标，确保项目在受控范围内展开，同时要使利益相关方满意。

贴士：透过六大指标理解做传统项目与敏捷项目的思路

在过往的传统项目中，做项目的基本思路是只要完成交付，达到质量验收标准，就意味着收益实现了，所以传统项目是以范围和质量来撬动收益的。可是在今天这个高度变化的环境中，这种思路一般是行不通的。互联网企业的项目是以时间和成本撬动收益的，在以最低的成本、最快的时间做出MVP后，先验证，如果可行就继续做，如果不可行就改，这需要具备相当快速、灵活的调整能力。在传统项目中，往往先把范围和质量确定下来，时间有弹性，成本可控制。而互联网企业做项目，时间和成本是固定的，在不降低质量的前提下，只能缩小范围。做少、做好、做快，而不是做全，这就是敏捷项目管理的思维。

提问一刻：

- 项目成功的六大指标之间有什么样的逻辑关系？
- 在你的项目中，不同的利益相关方对这六大指标有什么样的侧重点？
- 在你的项目中，六大指标将如何被衡量？

9

用利益而非职责与利益相关方结盟

无论什么样的项目,都有以下三类利益相关方(见图 3-3):

- 项目发起方 S(Sponsor)或出资方;

- 项目受益方 U(User)或使用方;

- 项目交付方 P(Provider)或实施方。

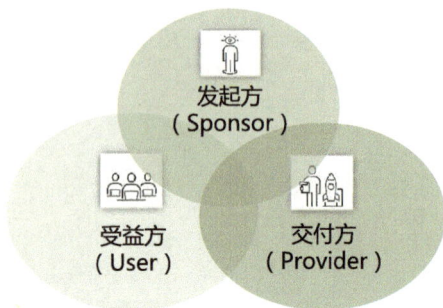

图 3-3　项目的三类利益相关方

　　这三类利益相关方具有不同的利益诉求，因此在项目中往往会产生冲突，这就需要他们协同配合，共同朝着项目的目标方向努力。三类利益相关方的关注点和利益诉求如下。

- **发起方代表** S：从商业角度出发，确保项目的投资价值，代表整个项目的商业利益。他们一般是公司的高层领导，负责指引企业的战略方向。他们拥有资源和权力，站在公司的整体角度考虑问题，具有很好的大局观。发起方代表负责指明项目的方向，为项目的全生命周期负责，关注项目的收益和价值。

- **受益方代表** U：从受益方的角度出发，确定产品的范围，代表用户的利益。他们最关心产品是否满足他们的需求，能否解

决他们的问题，以及使用产品会给他们带来什么影响。产品

交付后，用户能不能、愿不愿意使用产品是对项目成果的极大

考验。如果用户并未使用产品，那么项目成果不会转化；同

样，从项目成果到项目收益的实现过程又是另一大考验，如果

用户使用了产品，但是行为习惯或工作方式并未改变，那么也

不会实现收益。项目经理在项目早期要充分收集与引导用户的

需求，并与用户就产品达成共识，这一点至关重要，否则就会

在项目过程中频繁面临需求变更的情况。同时，项目经理要邀

请受益方代表在项目的关键节点参与项目的阶段评审与验收工

作，在项目早期识别项目的分歧并尽早达成共识。

- **交付方代表** P：从交付方角度考虑，满足用户的需求，代表交
  付方的利益。他们以具体目标和任务为导向，关心在有限的资
  源与能力限定下能否交付被分派的产品。一个项目往往不止一
  个交付方，可能会有多个不同的交付方，他们的利益诉求也各
  不相同。项目经理需要在项目早期，就多个交付方建立沟通与
  协作机制，促使交付方就项目目标和各自的任务达成共识，并
  能有效地调动他们参与项目的积极性，按期完成各自的工作，
  为达成项目整体目标打下基础。

项目的高层决策需要发起方 S、受益方 U、交付方 P（合称 SUP）三方代表通过项目管理委员会共同进行。但发起方代表对项目的成败负有最终责任。通过在项目管理委员会引入 SUP 三方代表，确保项目的高层管理者就项目的各方利益达成共识，从而有利于项目的实际推进。

在项目的准备阶段，多数时候是由项目发起方主导的，与项目其他相关方就项目的复杂度、是否值得做、大家是否愿意合作及大家的共同利益达成共识。而在项目的启动阶段，这种共识就需要从意愿上的务虚转向对预期利益结果的务实。明确实现利益结果的具体行动，则需要由项目经理进行主导。项目经理与 SUP 三方代表谈他们对预期利益的关注点，做这个项目能否为他们带来收益。只有大家都能够获得自己想要的收益，才会由衷地投入和配合。由于项目经理在组织中往往没有实际的权力，因此无法寄望 SUP 三方代表积极主动地阐述他们预期的收益。所以作为项目经理，当接到一个项目时，往往需要更加主动地分析利益相关方的诉求与动机，这将会为项目建立良好秩序及项目过程受控打下重要基础。这时，项目经理可以使用利益相关方清单（见表 3-1）进行这项工作。

表 3-1　利益相关方清单

利益相关方				关键利益相关方（是/否）	需求/期望（意图）	预期结果			利益相关方对项目的态度（支持、中立、反对、未知）	沟通方法
姓名	角色	天性	类型			衡量什么	衡量标准	何时衡量		

这份清单的关键在于首先正确地识别出 SUP 三方代表，即找对人，并了解他们的天性。天性是无法改变的，会影响一个人的心智模式与行为偏好。（关于人的天性，我们将在第五部分进行详细介绍。）接下来，我们需要把利益相关方的三方代表的需求和预期转化为项目可观察、可比较、可衡量的预期结果。项目成功是以结果为导向的，需要对预期结果达成共识。在这份清单中，我们利用衡量什么、衡量标准和何时衡量这三个维度将不同利益相关方的需求 / 期望梳理成他们对项目的预期结果。这个思路就是目标与关键成果法（Objectives and Key Results，OKR）的思路。SUP 三方的需求和期望更倾向于定性的目标，但项目必须有可共识的预期结果来支撑这些目标的实现。衡量项目成功的六大指标就是对预期结果所产生的基本共识的结构化展现。这份清单还需要我们识别利益相关方对项目的态度，以及针对不同利益相关方所选择的沟通方法。这部分与项目管理的软技能强关联，我们将在第五部分进行详细介绍。

通过识别不同利益相关方的利益诉求，我们可以清楚地知道他们的期望。

- 发起方（S）的期望是用最小的投入获得最大的回报，考虑的是"值不值得做"的问题，即项目是否"做对"了。
- 受益方（U）的期望是通过最小的改变获得最大的收益，即项目"做成"了。
- 交付方（P）的期望是付出少、回报多，最好是项目独特性不高、预算充足且比较容易交付，即项目容易"做完"。

　　基于不同利益相关方的固有属性，这三方各不相同的需求／期望决定了他们对项目的共同利益很难达成共识，而且很容易发生冲突。基于这样的限制，项目经理可以采用"周期短、投入少、期望低"的策略，而不是增加预算、增加资源、延长时间，因为这样做会使期望成倍增加，项目成功的难度也就更大了。因此，项目需要一步一步地成功，而不是一下子成功。总之，做项目的基本思路是在有限的预算内，在短期内先做出MVP，然后再继续做。

此外，项目经理要从商业视角审视项目并时刻牢记，项目的成功是使 SUP 三方都满意，使其获得他们期望的收益。项目经理的成功是基于别人的成功，只要项目中关键的 SUP 三方都成功了，项目经理自然就成功了。项目经理要避免只关注自己的成功，如果只是自己成功了，但是利益相关方没有获取到想要的商业利益，那么项目就是失败的；如果利益相关方实现了他们的商业利益，那么项目就是成功的，自然也会认为项目经理是成功的。

总的来说，项目经理是在发起方代表的带领下，负责平衡 SUP 三方的利益，然后交付项目，达到项目启动时利益相关方共同确认的项目成功标准。平衡 SUP 三方的利益并找到三方的利益交集很不容易。如果没有利益交集，那么项目是不能成立的；只要有交集，无论交集大小，项目就有成功的基础。

提问一刻：

- 在你的项目中，SUP 三类利益相关方的代表分别是谁？

- 在你的项目中，SUP 三类利益相关方有什么样的需求和期望？

- 在你的项目中，SUP 三类利益相关方对项目的预期结果是什么？

- 在你的项目中，SUP 三类利益相关方达成了怎样的共识？

10

化繁为简，用分类工具对项目任务进行拆解

　　基于 SUP 三方的利益共识，我们用 OKR 的思路拆解了项目的目标与成功标准。但是基于项目交付工作本身，这是不够的。因为项目的最终交付物一般都比较复杂，我们无法在最终交付物的层面直接实现项目交付。这就需要我们化繁为简，将项目交付物进行分类，将其拆解成团队或个人能够完成的不同类别的交付物工作包。

在规划过程中，项目经理可以使用产品分解结构工具（Product Breakdown Structure，PBS）来拆解项目交付物，再用工作分解结构工具（Work Breakdown Structure，WBS）将交付物拆解为可执行的活动。PBS 比较依赖于经验，对新手项目经理来说是一个挑战。PBS 的拆解思路是用户思维，即用户用到什么，项目中就做什么，基于以终为始的思路进行倒推。图 3-4 展示了某企业的一个以新年纪念台历为项目交付物的 PBS 示例。

我们将项目目标从用户的角度通过 PBS 拆解为不同类别的交付物。项目经理可以与用户代表们一起进行这项工作。虽然用户不一定懂得完成交付工作包所涉及的专业工作，但是他们一定知道自己想要什么，不想要什么。PBS 拆解的思路需要遵循"不要有交集，不要有遗漏"原则，即金字塔原理中的 MECE（Mutually Exclusive Collectively Exhaustive）原则，这样有助于明确不同交付团队或人员的分工。

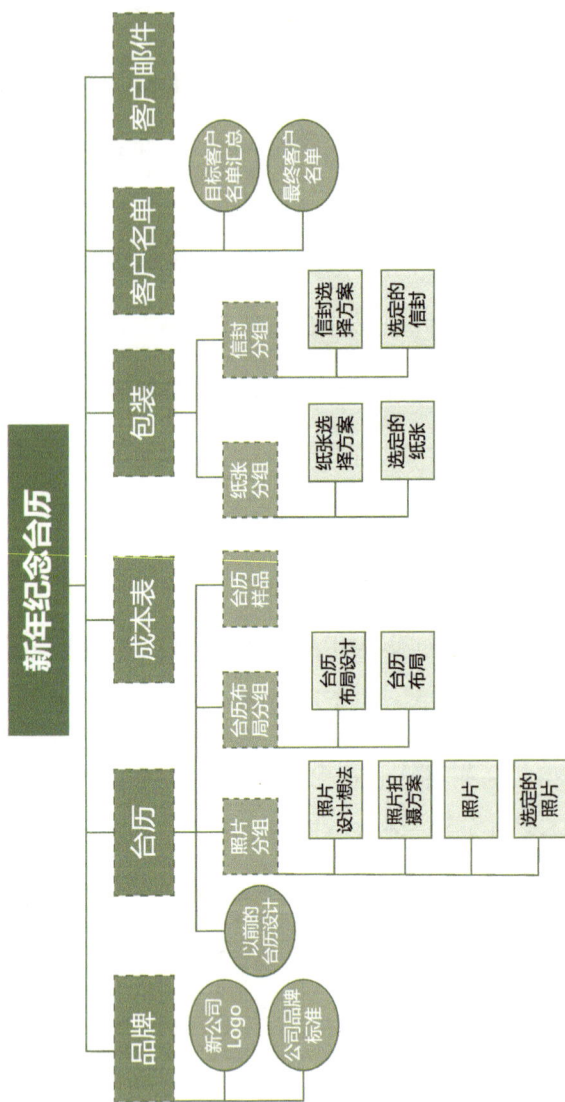

图 3-4　PBS 示例

　　独特性高的项目，对交付人员的经验要求也高，但有经验的人少之又少。现实的做法是将复杂的交付物拆解为简单的交付物，这样很多人都可以做了。因此，PBS 是一个管理工具，使用它的意义在于可以将复杂的交付物分给不同的交付团队来完成，而且交付团队对完成什么样的交付物与项目经理有一致的认知。

　　需要注意的是，运用 PBS 拆解后的接口问题可能会成为新的问题，因为一旦分工，大家就不合作了，这是人性使然。要想让大家合作，需要建立一些协作的游戏规则。

　　需要补充说明的是，与 PBS 相比，WBS 是一种专业工具，其目的在于将交付物工作包分解为可执行的活动，这时交付团队自身的工作价值要大于项目经理的管理价值，因此，是否使用及如何使用 WBS 工具更应该由交付团队自己决定。

提问一刻：

- 在你的项目中，交付方和受益方是否已对最终的项目交付物达成共识?

- 你如何理解 PBS 与 WBS 工具的应用场景?

11

聚焦要事，用分级工具对项目任务进行优先级排序

我们在解决了项目交付物的复杂问题后，还常常在项目中面对瓶颈问题，因为项目的时间不够或资源不够。而如果时间延长，会带来更多的不确定性；如果增加资源投入，又会使利益相关方对项目报有更高的期望。如何破解瓶颈问题，项目经理的解决思路应该是"断舍离"。对于什么工作先做、什么

工作后做甚至不做，需要进行优先级排序。先进行 PBS 分解，对交付物工作包进行优先级排序；然后通过 WBS 将工作包分解为相应的任务，并对其进行优先级排序，先做优先级高的任务，剩下的任务即便不做，也不会对项目目标的实现产生很大影响。

项目经理对项目任务进行优先级排序，可以通过莫斯科（MoSCoW）模型来进行。这个模型的优势在于简便且常用。

贴士：MoSCoW 模型

MoSCoW 模型可以帮助我们对项目任务（交付物）的重要程度进行优先级排序。M 代表必须有（Must Have），S 代表应该有（Should Have），C 代表可以有（Could Have），W 代表现在可以没有（Won't Have）。

MoSCoW 模型如下。

- 必须有（M）：强制性的，代表最小可用范围。

- 应该有（S）：虽然不是强制性的，但却是用户高度渴望的。

- 可以有（C）：如果有，会更好；如果没有，也行。

- 现在可以没有（W）：当下可以不去满足，但是在将来的版本中可以加入。

示例：调整范围

在实际项目过程中，我们可以对 M、S、C、W 所覆盖的范围进行百分比的调整，比如，M 占比为 70%，S 占比为 20%，C 占比为 10%，W 占比为 0，累积之和是 100%。一般情况下，项目可变的范围即 S 和 C 的部分会控制在 40% 以内，而必须交付的范围 M 会占到 60% 以上。

当然，还有一些比较常用的项目需求优先级排序模型，如 Kano 模型。

贴士：对用户需求进行分类和排序的 Kano 模型（见图 3-5）

- 基本型需求：必须具备，产品必须包含这些特性或功能才算是成功的。
- 期望型需求：线性需求，用户满意度与特性或功能成正相关，但并不是必需的。
- 兴奋型需求：经常增加产品的额外价值，用户的满意度得到极大提升，但是缺少这些特性或功能也不会使用户的满意度下降到正常水平以下。

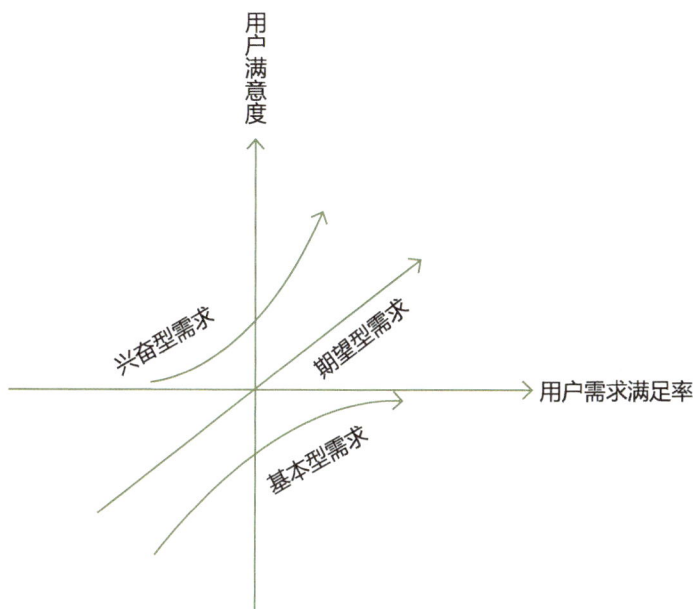

图 3-5　Kano 模型

　　在进行优先级排序后，需要对每一项交付物工作包定好交付标准，即做到什么程度才算交付。项目经理一定要运用以终为始的思路管理项目，每个节点要完成的交付一定是满足质量标准的。

提问一刻：

- 在你的项目中，瓶颈问题出现在哪里？
- 在你的项目中，运用 MoSCoW 模型对项目交付物进行优先级排序的结果是什么？
- 在你的项目中，独特性是如何通过 MoSCoW 模型体现出来的？

12

用分步工具划分项目里程碑

　　我们在项目中还需要破解的问题是经验限制。项目中人力资源不够的瓶颈问题大多是由人员的经验参差不齐造成的。丰富的项目经验对于项目大有裨益，但问题在于人的经验是隐形的，必须通过某种方法将隐形的经验通过显性的操作步骤共享给其他经验不够的人，这样才可以使项目成功。这种方法就是划分项目里程碑。

▌贴士：应用分步骤的底层逻辑

专家的研究表明，当我们为了让他人理解"如何行动"时，最经常选择的表达逻辑就是时间逻辑，俗称"流水账"。换句话说，流水账最能够指导人们如何开展行动。

首先，任何行动都需要在时间轴上开展，只有落实到时间轴上，行动才能落地，规划才可能变为现实。

其次，分步骤可以帮助我们有效地降低行动难度，并给予我们管控行动的机会。从这个角度出发，我们就更能理解在组织里，流程、计划、标准操作规程的价值所在。这些都是分步控制的具体应用。

我们都知道"摸着石头过河"这句话。如果我们面对的是一条从未到过也没有任何水文资料可以获取的河流，请问我们需要摸多少块石头才能过河？答案一定是越多越好。从降低未知错误的角度出发，当我们面对的环境越复杂，原则上我们越应该将步骤分得更多一些、更细一些。

与此同时，因为我们无法容忍由已知错误造成的后果，所以我们非常希望行动是安全、有效的，能够实现预期的结果。即便我们有丰富的经验，也需要用细化的步骤来控制我们的行动。

在项目中，交付方常常按照专业规律划分项目里程碑；发起方则是基于项目风险的可接受程度来进行项目里程碑的划分。

贴士：如何设置管理阶段的长短

管理阶段的长短与项目风险有直接关系。

例如，一个交付物高度灵活、项目团队经验不足的项目，其失控风险较高。因此，可以设置多个较短的管理阶段来更好地控制项目风险，使组织和项目管理人员有机会及时纠偏甚至终止不再可行的项目。对于一个投入虽然很大，但是团队成员经验丰富、交付物明晰的项目，则可以考虑设置较长的管理阶段，这样项目风险可能依然可控。

在每个管理阶段的边界，我们都需要通过三条线对项目状态进行渐进明晰。第一条线是相关方的预期，它解决的是对项目成本与收益达成共识的问题；第二条线是任务交付，它解决的是对项目过程中范围和质量达成共识的问题；第三条线是时间进度，它解决的是对项目过程中时间和风险达成共识的问题。以终为始，对项目成功的基线达成共识是项目中的升维思考。以始为终，分阶段完成项目交付是项目中的降维打击。

需要特别注意的是，项目经理需要在各个管理阶段的里程碑节点避免一个陷阱，那就是任务状态中的"正在做"（Doing）。"正在做"对项目管理工作来说基本上就是一种失控。项目经理应该牢牢把握的是什么已经"完成"（Done）、什么还需要"去做"（To Do）。其实，跨越这个陷阱的方法很简单，那就是继续确认和验证在"正在做"的任务中，具体什么子交付物已经"完成"；什么子交付物还未"完成"，需要"去做"。这种做法就叫作 D2D（从 Done 到 To Do）。

示例：D2D

图 3-6 是一个典型的 D2D 示例。从图中我们可以看到这个项目的交付方按照专业规律划分的专业阶段及发起方基于项目风险的可接受程度划分的管理阶段。

在这个项目中，很多专业工作都是跨越了多个管理阶段的，如设计。这意味着在管理阶段 1 和管理阶段 2 的里程碑到来时，设计工作确实处于"正在做"的状态。

但这对项目经理的项目管理工作来说是不可靠的，也是无意义的。此时，项目经理必须让交付方继续明确设计工作具体子任务的实际状态，也就是截至当下的具体时间节点，哪些子交付物已经"完成"，哪些子交付物还需要"去做"。通过这样的追问，项目经理才能了解到在管理阶段 1 结束的时候，设计工作中的总体设计已经"完成"，详细设计和外围设计还处于"去做"的状态，随着管理阶段 2 和管理阶段 3 的结束，详细设计和外围设计也分别完成了，这时整体的设计工作才算完成。

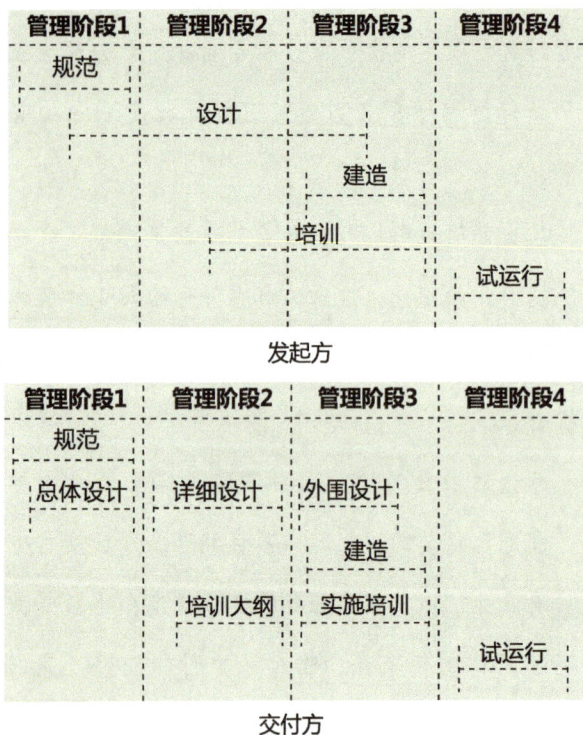

图 3-6　D2D 示例

从使用 PBS 工具对项目交付物进行分解，到使用 MoSCoW 模型对项目任务进行优先级排序，最终都是为了将项目任务分阶段实现。在这个过程中，我们可以使用项目交付物拆解表（见表 3-2）这个形象化的工具进行汇总。

此外，如果"时间过半，任务过半"，那么这在项目管理中基本就是失控的表现。因为如果把最难的任务留到后边做，那么即使用剩下一半的时间，也做不出来，这就是项目延期的主要原因。如果任务很难，那么在项目一开始时就要做。如果做不出来，那么项目根本就不成立，只能到此为止了。最让人焦虑的是前面所有任务都做完了，但最后这项最难的任务却做不出来，而这项任务又对项目极其重要，这样一来，项目前期的投入就白费了。所以，在项目前期要选择最重要、必须做的任务来攻坚，先验证能否做出来。如果能做出来，就继续做；如果做不出来，就要及时止损。

表 3-2 项目交付物拆解表

产品交付物Y						
子产品Y1	子产品Y2	子产品Y3	子产品Y4	子产品Y5	子产品Y6	子产品Y7
子产品Y1.1	子产品Y2.1	子产品Y3.1	子产品Y4.1	子产品Y5.1	子产品Y6.1	子产品Y7.1
子任务Y1.1.1			子任务Y4.1.1		子任务Y6.1.1	子任务Y7.1.1
子任务Y1.1.2			子任务Y4.1.2		子任务Y6.1.2	子任务Y7.1.2
子产品Y1.2	子产品Y2.2	子产品Y3.2	子产品Y4.2	子产品Y5.2	子产品Y6.2	子产品Y7.2
子任务Y1.2.1	子任务Y2.2.1			子任务Y5.2.1		子任务Y7.2.1
子任务Y1.2.2	子任务Y2.2.2			子任务Y5.2.2		子任务Y7.2.2

起点　　　　　　　　　　　　中间点　　　　　　　　　　　　结束点

提问一刻：

- 在你的项目中，你是基于谁的视角划分项目阶段的？

- 你在划分项目阶段时考虑了哪些因素？

- 在你规划项目里程碑的时候，任务状态是否只有"完成"和"去做"？

13

针对不同的项目类型，
采用不同的进度管理方法

　　项目是临时的，有明确的起始时间和结束时间。在明确了起始时间和结束时间后，项目的进度管理就尤为重要。对于不同类型的项目，进度管理的思路也不太一样。对于过程和结果相对明确的项目，通常采用瀑布式进度管理方法；对于过程或结果比较模糊的项目，通常采用敏捷式进度管理方法。不同类型的进度管理方法所采用的工具和技术是不同的。

瀑布式进度管理方法

瀑布式进度管理方法通常基于明确且具体的任务对其进行排期。项目进度管理最常用的工具是甘特图（Gantt Chart）。

贴士：甘特图

甘特图又称横道图，以其提出者亨利·劳伦斯·甘特（Henry Laurence Gantt）先生的名字命名。甘特图的横轴表示时间，纵轴表示任务，将任务的持续时间以横道的形式体现出来，就形成了项目的甘特图。甘特图可以很直观地将项目任务的持续时间可视化，用于管理项目进度。从甘特图中，可以清晰地看出每项任务的开始时间和结束时间。

甘特图中从项目开始到结束持续时间最长的那条路径被称为关键路径。关键路径上的时间表示项目从开始到结束最少需要的时间。在项目进度管理中，需要重点关注关键路径上的任务，任何一项关键路径上的任务延期，都会导致项目延期。当然，对于非关键路径上的任务，也需要适当地关注，因为在项目过程中，任务状态每天都在变化，很可能非关键路径上的任务突然就变成了关键路径上的任务，而这将对项目进度带来决定性影响。

瀑布管理方式中对任务的估算通常采用绝对估算，常见的估算单位有"天"或"小时"。在实际管理过程中，需要结合项目的实际情况，选择合适的估算技术，因为每种技术需要投入的时间是不一样的。

▍贴士：三点估算法

计算公式如下：

任务完成时间＝（最乐观时间＋4× 最可能时间＋最悲观时间）/6

　　三点估算法基于对项目任务的拆解，对每项任务的最乐观时间、最可能时间、最悲观时间三种情况进行估算。最乐观时间表示在最理想的情况下完成该项任务需要的时间，最可能时间表示在现实情况下完成该项任务需要的时间，最悲观时间表示在最坏的情况下完成该项任务需要的时间。

　　表 3-3 是一个甘特图示例，展现了完成一个瀑布式软件项目交付必须经历的几个阶段。

表 3-3　甘特图示例

编号	工作项名称	持续时间（周）	总工期（周）							
			1	2	3	4	5	6	7	8
1	需求分析	1	■							
2	系统设计	2		■	■					
2.1	概要设计	1								
2.2	详细设计	1								

（续表）

编号	工作项名称	持续时间（周）	总工期（周）							
			1	2	3	4	5	6	7	8
3	编码	3				▓	▓	▓		
4	测试	2							▓	▓
4.1	冒烟测试	0.4								
4.2	系统测试	1.2								
4.3	回归测试	0.4								

　　"编号"和"工作项名称"罗列了项目从开始到结束需要完成的任务；"持续时间（周）"一列标注了每项工作需要花费的时间；"总工期（周）"一列展示了项目任务完成的顺序和时间。从图中可以看出，该项目的关键路径编号为1→2→3→4，属于串行工作，即前一项工作必须完成才能开始下一项工作。

敏捷式进度管理方法

敏捷式进度管理方法适用于项目过程、项目结果等不确定性、模糊度比较高的项目。很多项目前期无法明确具体目标，或者项目过程充满变数，整个项目的交付过程无法一次性规划到位，这种情况比较适合采用敏捷方法，即在比较短的一段时间内（一个迭代、一个时间盒）完成相对明确的范围（高优先级任务）交付，然后快速到市场进行验证，并根据市场反馈决定是否继续。这个过程是通过小步快跑的方式持续交付。

燃尽图通常用于敏捷式进度管理中。燃尽图展现的是在固定时间内（通常 1~4 周），对当前已经明确的高优先级任务（即交付用户价值最高的任务）进行规划和交付的过程。燃尽图的横轴代表时间维度，即固定的交付周期；纵轴代表工作量，即在迭代起点固定的任务量。项目开始后，随着时间的推移，剩余待完成的工作量逐渐减少，直到迭代结束时，待完成工作量为零。迭代过程中剩余工作量会有起伏变化，通过燃尽图可以直观地看出进度的实时状态，每天可以通过站会统计并绘制燃尽图。燃尽图的核心宗旨是，在固定的时间盒内，团队因已经完成的工作而产生成就感，并对仍要完成的工作保持紧迫感，从而更加专注于迭代中的剩余工作。

图 3-7 展示了团队在一个迭代内的进度情况。

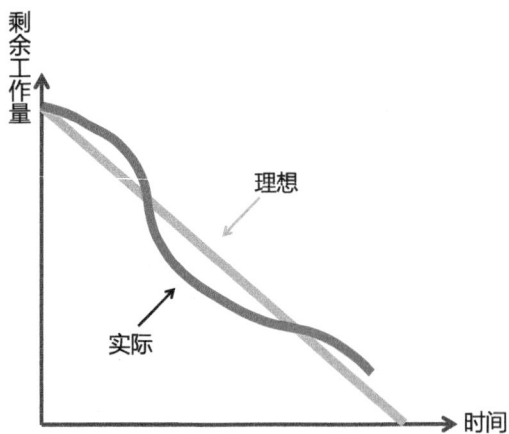

图 3-7　燃尽图示例

图 3-7 中的横轴表示当前的迭代时间，纵轴表示剩余工作量。迭代开始，剩余工作量为当前迭代规划的总工作量。随着时间的推移，剩余工作量在燃尽图中越来越少。图中灰色直线

代表理想情况下，按照团队的平均速率，剩余工作量呈现出平稳下降的过程；绿色曲线代表迭代过程中每天实际剩余工作量的走势。绿色曲线和灰色直线的差异代表了实际与理想之间的差距，两条线重叠的部分代表团队按照预期正常进行，未重叠的部分代表团队的实际进度出现偏差。通过燃尽图可以每天实时监控项目状态，根据当前的状态预测剩余工作的风险，如有偏差，及时调整，从而确保在迭代结束时能够交付用户所需的特性，并通过用户的使用尽早实现商业价值。

提问一刻：

- 你如何预估合理的项目时间周期？
- 你如何规划和跟踪项目的日常进度？

第四部分

项目交付阶段：

如何成功地执行项目

本书的这一部分首先阐述了项目进入执行阶段（含收尾阶段）后，项目经理如何基于分阶段的里程碑任务，通过有效的分工和授权，最大化地发挥每位团队成员的力量，确保阶段性项目任务的顺利完成；其次介绍了项目经理如何对项目状态进行动态监控并制作可视化的轻量报告，包括对风险的预警及对变更的有效控制，以及如何开好项目中常见的三种会议；最后特别介绍了项目在进入最后的交付阶段（也可称为收尾阶段）时，如何发挥峰终效应，实现项目倒计时冲刺，以及在项目收尾后如何进行有效的复盘学习，持续精进。

14

最大化发挥团队成员的力量

项目经理对项目的管理工作主要体现在计划、授权、监督和控制这四个关键行为上。在项目启动阶段，做好项目计划是工作重心。此时，对项目进行拆解，并清楚地知道项目需要完成什么样的任务是项目经理的价值所在。当项目进入交付阶段，明确由谁来完成任务是项目经理的工作重心，这就需要项目经理协调相应的人员和资源开展项目工作。与此同时，当更多的人加入项目进行交付工作时，合理分工与有效协作的重要性也越发凸显。

在项目交付阶段，明确的分工是很有必要的，这不仅是项目团队协作的前提，也是避免项目中人员混乱和资源浪费的关键所在。项目经理可以使用项目交付物分配清单（见表 4-1）来进行任务分工。

表 4-1　项目交付物分配清单

任务（交付物）名称	编号	任务（交付物）描述	验收标准	验收方法	职责		交付人员权限	天性匹配
					交付人员	审批者		

在这份清单中，项目经理需要对在启动阶段拆解出的项目任务（交付物）与相应的交付人员就任务的内容描述、验收标准和验收方法三个层面达成共识。这样做的好处是有效避免交付人员与项目经理对任务的质量要求的理解存在偏差，而产生对项目交付不利的影响。清单里的项目任务编号可以用来明确各项任务之间的关系。

需要特别强调的是，我们对项目任务完成的定义是不仅交付人员交付了项目任务，而且审批者对已交付的项目任务进行了确认。因此，交付人员和审批者需要由不同的人来担任。

随着项目任务交付职责的逐一分配落实，项目经理接下来需要与交付人员明确该项任务的授权权限。不同于日常重复性的工作，授权是项目管理场景中的关键所在，同时也是难点所在。明确的授权为项目经理和交付人员之间划清了日常管理的边界，即什么事情由谁管、管到什么程度。只有这样，交付人员才能更好地发挥自己的创造力，而项目经理又能对项目任务进行控制。

　　项目经理按照交付人员的专业能力分配了项目任务，同时也进行了适当的授权，这是否意味着项目经理可以高枕无忧了？众多项目的经验与教训告诉我们，答案是否定的。项目是需要做到人与事相匹配的，即由合适的人做合适的事。选择合适的人不仅要考虑他们显性的专业能力，更要了解他们隐形的天性。这对具有独特性和不确定性的项目来说尤为重要。表4-1所示的清单的最后一列就是项目任务与交付人员的天性匹配，关于这部分内容，我们将在第五部分进行详细讲述。

　　在日常工作中，通过有效的职能分工就能完成工作目标，但项目目标必须依赖于项目团队成员的紧密协作才能实现。分工是为了项目团队成员更好地协作。临时性的项目团队是最典型的团队类型。

▎贴士：什么是团队

团队是由一群角色明确且相互依赖、优势互补的人员组成的，他们为产生某些结果（产品、服务或决定）而共同担责。因此，团队最典型的两个特征是，第一，团队成员有共同的目标；第二，团队成员之间需要互相配合。

我们再来看一下团队的两个基本属性。

- 任务属性，即团队需要完成的任务。
- 社交属性，即影响团队成员作为一个组织单元如何一起工作的社交因素，如情感、情绪等。一个团队得以成功，本质上并不是靠权力。

综合团队的两个基本属性，我们可以进一步细化并明确实现团队有效协作的基本条件：

- 一个需要团队协作才能够达成的目标；
- 明晰的团队成员角色职责；
- 合理的团队规模且相对稳定的团队成员结构。

有效的项目团队需要将一个有价值的项目目标分解成一系列有挑战、可达成的阶段性团队目标，通过不同团队成员的技能互补，不但使每个人找到适合自己的岗位，而且可以达到对团队整体能力的要求，大家共同促进交付成果的实现，而非互相削弱和阻挠。

事实上，一个项目团队从来不是以一种线性、有序的方式变得更好，就如同建立婚姻家庭一样，它是一个动态循环、持续进化，有时也伴随着倒退的演变过程。高效、有战斗力的项目团队是在项目交付过程中不断进化出来的，要经历从分工到协作，再到共赢的过程。

但是不要寄望于这种进化能够自然发生，项目经理需要基于项目团队实际的进展情况，尝试通过干预手段来推动项目团队的进化，这也是项目经理扮演的团队教练角色的价值体现。

提问一刻：

- 你在进行分工时是否和团队成员就任务的"完成"定义达成了共识？
- 除了专业能力，你是否在分工时考虑过团队成员的天性与任务的匹配度？
- 在团队有需要的时候，你是否扮演了团队教练的角色？

15

有效授权的七个等级

在项目交付阶段，项目经理需要面对的一个重要场景就是授权，特别是当项目任务被分配给了相应的项目交付人员时。其实授权从项目团队创建时就会涉及，只是在项目交付阶段尤为关键。如果授权过度，那么项目团队容易失控；如果授权不足，那么团队成员就无法基于目标和任务自发地组织起来，最终还要依赖项目经理的安排，这样项目经理就很容易成为制约项目团队潜能发挥的阻碍。

项目中常用的七个授权等级如图 4-1 所示。

图 4-1　七个授权等级

资料来源：《幸福领导力》（*Managing for Happiness*）。

表 4-2 对每个授权等级进行了详细的说明和举例。

表 4-2　七个授权等级

授权等级	说明	举例
1. 告知	当你替他人做出决定时，或许也会解释背后的动机，但不会进行相关的讨论	项目经理告知大家项目启动会的时间、地点和相关的远程参会方式。这些细节已经与项目三方代表达成一致
2. 推销	当你想要替他人做出决定时，你会尝试晓之以理、动之以情、诱之以利，说服他们接受你的决定，并让他们有一定的参与感	项目经理利用培训和研讨活动，向项目团队推销此项目要用到的敏捷项目管理方法

（续表）

授权等级	说明	举例
3. 咨询	当你尊重他人的观点时，会在做出决定之前咨询并考虑他人的意见和想法	项目经理就项目阶段报告模板的具体形式咨询项目团队成员的意见
4. 商定	你和所有团队成员共同商讨，并在达成共识后做出决定	项目经理就下一阶段的里程碑时间节点与项目团队成员进行商讨，并达成一致意见
5. 建议	你向他人提供你的建议，期望他们能听取你的真知灼见，但最终将由他们来决定，而不是你。你的建议仅是他们决策的输入信息	项目经理建议团队中的交付小组各自组织一次团建活动，但有的交付小组认为这个时间窗口不合适
6. 征询	你让他人先做出决定，事后你再让他们说服你他们的决定是明智的	项目经理让交付小组负责人自己决定是否在各自的交付小组中使用看板进行沟通，然后聆听他们的理由
7. 委托	你把决定权彻底交给了他们，你甚至根本不想知道那些会扰乱你大脑的细节	项目经理与团队成员已经就最近两周的阶段目标达成了共识。对于如何完成这一目标，项目经理彻底放手交给了项目团队成员

在这 7 个授权等级中，第 4 级商定的决策效率最低；第 1 级至第 3 级倾向于控制，第 5 级至第 7 级倾向于充分授权。需要特别提醒的是，无论项目经理采用哪一个级别的授权等级，

最终结果的责任人都是授权者而不是被授权者。

　　选择合适的授权等级是一种平衡的艺术。一个基本原则就是授权双方容许有偏差、缓冲地带，即遵循充分授权、例外报告机制。实践中只要综合使用以下三个准则，就可以实现适度授权及团队状态可控。

（1）因事不同：任务的独特性越高，越需要授权给当事人去迭代试错；出错后的代价越小，越可以加大授权，让当事人高效地执行任务。

（2）因人而异：当事人的能力越强，可信度越高，越可以加大授权。当当事人的被信任感增强时，更容易全力以赴。

（3）阶段授权：如果确实需要加大授权，但又担心存在失控风险，特别是对于初次授权或授权失控后影响比较严重的情况，那么授权等级就需要再加一个授权时限来把控风险，即可以授权，但需要有时间限制。

提问一刻：

- 你在项目中采用了哪些级别的授权？

- 你在授权时是否遵循了授权的准则？

16

动态跟踪项目状态，有效应对风险与变更

　　面对项目固有的不确定性风险，项目经理优先遵循的原则就是用可预测、可控的阶段确定性应对项目的整体不确定性，即通过"步步为营"的路径思维实现项目受控。面对由项目的独特性所带来的项目变更，项目经理需要遵循的原则就是用已知的共识基线管理未知的需求，即通过"步步为赢"的导向思维推动项目成功。

如何有效应对项目风险

项目计划依赖于项目目标，项目执行依赖于资源。不确定的风险会影响资源的可用性，进而影响项目目标的实现。在不确定性较高的项目环境中，有效的风险应对尤为重要。项目经理和项目团队需要重点关注对项目交付物、成果转化、目标收益有影响的重大风险；在策划风险化解机制时，可以将风险管理活动融入项目执行过程；通过划分项目阶段时长，用阶段计划的确定性来应对项目整体计划的不确定性，即不确定性风险越高的项目，其项目阶段的时长就应该划分得越短，识别风险的频次就应该越高。

面对一个具体的项目风险，可以采用预防、预警和预案应对策略。考虑到不确定性发生的概率（低、中、高）及一旦发生后对项目目标的影响程度（正面的或负面的），对于风险相对较高的项目，采取预防策略会大大增加项目成本，一般来说，不太现实。而对于那些风险发生的概率小、影响大的项目，提前做预案则可以最大限度地降低风险发生后对项目的影响，但一般来说，这也不是应对项目风险的常态化做法。当项目经理面对众多项目中存在的各种不确定性风险时，比较可行的做法是采取动态预警策略，即不断对项目风险按照其可能发生的时间紧迫度和发生后的影响程度做动态排序，根据授权及时反馈给项目决策者，避免项目决策层最后才知道最坏的消息。

不确定性越高的环境，对风险的识别、评估和应对频率的要求就会越高，更需要将风险管理活动融入项目的日常管理工作中。例如，可以在每日站会中进行风险的动态识别、评估和干预，提前发现并及时处理风险，避免项目受到重大不确定性威胁的影响。

如何有效管理项目变更

项目唯一不变的就是变更，因为项目的不确定性和独特性必然会导致项目的变更。变更管理的目的是识别、评估、控制任何潜在的和已经达成共识的项目基线（主要包括项目目标、边界和项目成功的六大指标）的变更，从而确保项目及时响应利益相关方的变更请求，且依然受控。我们知道，变更在项目中一定存在，无法避免，在项目不确定性高或交付物独特性较高的情况下，变更更是常态。代表项目交付方利益的项目经理大都惧怕变更，但项目经理需要以项目发起方的收益为出发点，转变思维，欢迎并拥抱变更，即使变更在项目后期出现，也应该有这种态度。虽然这会给交付方带来更大的挑战，但唯有如此，才能使项目交付物更接近项目规划的收益，这正是"做成"胜过"做完"的价值思维的体现。因此，项目需要通过一个结构化的变更机制来管理项目变更，特别是要借助代表三方利益共同体的项目管理委员会的力量，有效发挥其制衡作用，确保对项目目标有益的变更得到快速处理，而对项目目标弊大于利的变更可以通过变更管理得到有效控制。

接下来，我们重点讨论对交付工作量影响较大的项目交付物的变更（范围或质量）的分级、分类管理实践。

虽然独特性较高的项目要求我们拥抱渐进明晰的路径思维，即拥抱变更，但我们还要理解变更并不总是对项目有积极意义。一般来讲，如果变更是针对一个正在创建的交付物的细节，那么通常会被看作是积极正面的，因为这表明项目团队对正在创建的交付物有了更深刻的理解。但是如果变更意味着一个已经被正式批准的项目基线要发生变化，那么则需要对项目进行重大返工，重新评估共识。

对变更的分级管理是平衡高效与受控的关键。在设计变更管理机制时，我们可以使用优先级排序技术 MoSCoW 模型来对变更进行分级，并定义不同级别变更的处理方法。

贴士：MoSCoW 模型在项目变更中的应用

MoSCoW 模型是一种优先级排序技术，即将待办事项列表中的每个产品特性用 M、S、C 或 W 进行标识，M 代表必须有的特性，S 代表应该有的特性，C 代表可以有的特性，W 代表现在可以没有的特性。

这种技术可以直接应用在变更请求的优先级排序上。同样，每个变更请求也可以用 M、S、C 或 W 进行标识。M 代表必须变更的请求，S 代表应该变更的请求，C 代表可以变更的请求，W 代表现在可以不用变更的请求。

示例：MoSCoW 模型在项目范围变更中的分级应用

- M：只有变更才能实现项目的预期结果。
- S：变更能够更好地满足关键利益相关方的动态优先级需求。
- C：变更只是满足某些人（如领导）的个人偏好，而不是为了满足用户的实际需要；变更所带来的价值可以通过另一个新项目来实现。
- W：变更使得项目重点不清晰，价值感模糊。

不同组织对项目变更的处理方法存在着很大的差异，表 4-3 列举了项目中三类典型的变更请求及其处理方法。

表 4-3 三类变更请求及其处理方法

类型	影响范围	变更优先级	处理方法
细节变更	交付层面，不影响阶段基线	C	由交付团队自行评估和决策
重大变更	影响阶段基线或项目基线	S 或 M	由项目管理委员会评估和决策
合规需求变更	影响项目基线	M	由公司管理层评估和决策

细节变更

对于处于交付层面、不影响已定义的允许偏差的变更，可以授权给项目交付团队来评估处理。

重大变更

可能会影响项目级或阶段级的基线变更为重大变更，重大变更的分级为 S 或 M。例如，影响了项目计划或阶段计划的变更、影响了最终交付物的变更、影响了商业论证的变更等，由项目管理委员会或其授权的代表来评估和批准，确保变更请求得到合理评估和决策。

合规需求变更

来自合规方面的变更要求，一般会影响项目级的基线变更，变更分级通常为 M，即必须执行，由项目管理委员会按需上报管理层进行评估和决策。

提问一刻：

- 选择一个项目，在 3 分钟之内用"敏控敏控"小程序完成其雷达图画像。如果项目的不确定性偏高，你会选择什么项目管理原则和应对策略？

- 如果上述项目的独特性偏高，你会选择什么项目管理原则和应对策略？

- 你是如何对项目变更进行分级、分类和有效管理的？

17

会议开得好，项目团队少烦恼

作为临时性组织的项目团队，许多沟通和决策都是在会议场景中发生的。开会既是项目中的一项任务，也是项目团队协作的集中体现。

项目团队会议为何开不好

和其他会议相似，项目经理在会议场景中面对的最大诱惑，就是为了节省时间而把所有需要讨论的议题都放进同一场会议中，就像一锅放了多种食材的大杂烩。事实上，这只会让会议变得无效和无趣，尤其是临时性项目团队的线上虚拟会议，情况更加糟糕。原因如下。

- 有些人希望借助会议获得数据和资讯，以便快速、有效地交换信息。
- 有些人认为应该在这次会议上进行互动研讨，并且应该为重要的决策提供关键数据。
- 有些人喜欢放慢节奏，轻松愉快地讨论公司文化和员工发展。
- 有些人只想要做出明确的决策，然后去干其他事。

那么究竟谁是对的呢？每个人都对，这才是重点。

事实是每个人的大脑并不能一下子处理这么多问题。会议要具有明确性和针对性。这意味着需要针对不同的主题召开不同的会议，也意味着会议数量会更多、时长会更短。

笔者通过和很多与会者进行访谈，总结出当下很多团队会议中存在的问题，主要表现在两个方面。

第一，会议无聊。会议沉闷、无趣、枯燥，与会者缺乏互动，缺乏主动参与，要么消极被动接受，要么没有坦诚交流，会议中充满了无用的空话和套话。造成这一问题的根本原因是会议缺乏合适的氛围或场域；与会者害怕冲突，不敢或不愿讲出自己的真实想法。这一问题需要特别引起项目经理的关注并择机推动改变。

第二，会议无效。会议缺乏聚焦、明确的主题。解决这一问题需要对团队会议做好分类分步管理，也就是开小会、开短会。

团队会议的分类分步管理

团队会议一般有每日报到会、每周例会和各种专题会议
（见表 4-4）。召开团队会议的目的是确保在项目目标达成的过
程中，项目团队方向的一致性、方法的可操作性和方案落实的
时效性。三种会议模式基本涵盖了团队会议的多种需要。

表 4-4　团队会议类型

会议类型	需要的时长	会议目标	成功的关键
每日报到会	5~15 分钟	· 快速交换信息 · 共享当天的日程和安排	· 站着讲 · 限定在当天事务上 · 如果有人迟到，那么不要等；即使有人无法出席会议，也不要取消会议
每周例会	45~90 分钟	· 日常管理最有价值的会议 · 检视每周最重要的活动和指标	· 不要预先设定例会议程 · 与会者现场快速进行排序并达成共识

（续表）

会议类型	需要的时长	会议目标	成功的关键
每周例会	45~90分钟	• 短平快地解决障碍和难题	• 聚焦周活动 • 推迟重大策略性主题或细节性专项主题的讨论
专题会议	2~4小时	• 针对项目里程碑事件或目标策略的关键议题进行讨论、分析、头脑风暴和决策 • 进行专业技术主题的专项深入研讨 • 进行项目产品专题质量评审	• 限定1~2个主题 • 做好调研准备 • 积极参与，坦诚交流

每日报到会和每周例会的一些实践做法和注意事项如下。

每日报到会也称每日站会，即团队每天举行的一个站立会议，其基本组织形式是团队成员站立轮流讲述。每日站会在互联网产研项目管理实践中的应用很广泛。每日站会的主要目的是同步项目信息，了解项目进展，及时发现问题、风险和阻碍，并根据实际情况进行调整。每日站会的重点是在会上发现阻碍问题并记录下来，会后单独组织处理。切忌在每日站会上讨论问题或技术方案的细节。

每日站会通常围绕三个核心问题展开讨论。

- 问题 1：在上次每日站会结束之后（昨天），你完成了什么（Done）？
- 问题 2：在下次每日站会开始之前（今天），你准备要完成什么（To Do）？
- 问题 3：你遇到了哪些具体问题、困难和障碍，是否需要他人协助解决？

围绕以上三个问题来召开每日站会，主要是从人的角度来关注资源的使用效率。实践中也可以以可视化看板为中心，检查看板上各项任务的进展情况是否正常，聚焦看板任务完成时间，发现任务阻碍，会后单独组织清除阻碍。

关于每日站会召开的时间，不同的项目团队会依据自身情境来确定开会时间。有的项目团队选择在每天早上刚开始工作的时候召开，有的项目团队选择在下午召开，还有的项目团队选择在饭前召开，目的是让团队成员有时间紧迫感，提高会议效率。关于每日站会的时长，对于 10 人以内的项目团队，每日站会的时长要尽可能地控制在 15 分钟以内，这是理想时长，实践中各项目团队要朝着这个时长目标去努力，当然也可以依据自身情况做出适当调整。对于规模超过 10 人的项目团队，可以考虑调整项目团队规模，将其拆分成 2 个或更多的小团队来分别召开每日站会。这些小团队可以通过每周例会来实现信息同步对称，保持各项目团队工作步调一致。

如果每日站会组织得当，可以极大地提升项目团队的协作效率，调动团队成员的主动性，让团队协作具有一种仪式感，并使团队成员为其承诺的目标负责。如果组织不当，如每日站会时长超过 30 分钟，并且团队成员缺乏参与感，就会使团队成员认为每日站会是可有可无的，甚至还会产生诸多抱怨。

每日站会的一些实践要点如下：

- 固定会议时间，锁定会议时长；

- 围绕可视化看板开会，引导团队聚焦任务；

- 要有会议主持人和记录人，团队成员要站着，不要坐着；

- 重点关注阻碍问题，不要跑题，也不要深入讨论细节；

- 及时记录需要跟进的事项，会后单独处理；

- 如果团队对每日站会有争议，最好在一段时间内（如两个月）坚持召开每日站会，然后再评估这种会议是否有效。

每周例会是明确聚焦迫在眉睫议题的项目例行会议，在项目团队的沟通中必不可少。召开每周例会可以使团队成员每周进行面对面沟通，传递项目进展信息，讨论并交换意见，确保团队成员对当前项目进展达成共识，便于明确项目下一步的工作重点，聚焦本周有价值的、核心的工作任务，提高团队成员的凝聚力。每周例会的时长一般为 45~90 分钟，具体时长取决于会议召开的频率，其核心原则是聚焦本周的重点任务且确保每位与会者全身心投入。

提问一刻：

- 为避免会议低效，你是否遵循了开小会、开短会的原则，把会议当作项目来管理？
- 召开每日站会和每周例会的目的有什么不同？
- 为保证与会者全身心投入，你是否尝试过在会议现场10分钟内使与会者快速共同创建会议议程？

18

用轻量报告告知利益相关方项目进展

代表项目三方利益的项目管理委员会的核心职能是通过做出关键决策来保障项目成功，而有效的决策大都是依据动态的项目进展信息做出的。项目经理就是项目管理委员会和执行团队之间的桥梁，既要保证项目可控，又要推动项目按时交付。实践证明，项目经理与利益相关方沟通最有效的方式就是一对一、面对面地单独汇报。但在实际的项目场景中，由于时间和精力有限，采用这种方式不太现实，可以通过简单、快速、高效地完成一份重点突出、格式简洁的项目进展报告，来告知项目管理委员会最想知道的信息。通过向上提供有效的信息反馈，将管理层的期望转化为对项目的推动力，让他们不仅对过程进展有掌控感，更对结果有信心。

项目进展报告根据触发条件的不同，可以划分为事件触发报告和时间触发报告。事件触发报告通常是临时突发的可能影响项目阶段，甚至影响整体项目目标的事件报告和里程碑事件报告。时间触发报告也称为项目要点报告，通常包括周报和月报，是在项目管理委员会所规定的时间间隔内，向其提供最新的项目状态进展报告。项目管理委员会根据报告监督项目本周或本月的进展情况，项目经理也可借助周报或月报向项目管理委员会进行风险预警，对潜在问题提出建议，以及提出需要获取帮助的事项。

使用频次最高的是周报。周报适用于常规的项目状态总结，周报的发送频率一般是一周一次，内容需要包含项目的主要度量指标，各个工作包的进展状态、问题、风险及应对措施等。周报的接收方通常包括项目团队成员及其所在部门的主管、项目管理委员会、客户或业务对接人，以及其他重要的利益相关方等。通过周报信息，利益相关方可以快速了解项目当前的总体进展情况及风险应对情况。不过，项目经理要警惕周报万能论，不能用周报来代替一对一、面对面的沟通，更不能仅仅依靠周报来沟通具体的待办事项及分配任务。事实上，周报更多的作用还是可视化项目进展信息。整理周报的几个要点如下。

（1）周报的内容要包括目标达成情况、各项任务的整体进展情况、整体风险及应对方案的执行情况。通过查看周报，利益相关方对项目状态能够有清晰的整体认知。

（2）项目经理要进行换位思考，要从周报接收者的角度来准备周报内容，告知他们想知道的情况，而不仅是已经发生的情况。而且，需要注意与周报接收者保持相同的沟通语言，确保接收者与项目组的理解一致，避免信息沟通偏差。

（3）项目经理要简明扼要地提炼和整合项目关键信息，不要直接拷贝项目组成员反馈的进展信息；尽量用一页纸或一张 PPT 来展示周报的关键信息，并且可在附件资料中按需补充细节；尽可能地采用可视化的方式展示项目数据，突出重点，从而提升项目组成员的阅读效率。

示例：可视化项目周报模板

项目名称：4D团队领导力培训项目周报

项目监控仪表盘状态	进度	质量	风险	范围	收益	成本	项目六大指标状态颜色及其信心指数 红（50%）橙（60%）黄（70%）绿（90%）	
项目所处阶段：第二阶段	2022年4月1日—29日		汇报周期	2022年4月18日—22日			汇报人	项目经理

本周工作进展

主要工作	实际进展状态	当前完成情况	完成比例
任务A	已确认课程大纲，已完成课程草案	已完成	100%
任务B	已找到两名合格的外包讲师，还需要找到一名合格的讲师	进行中	70%
任务C	已完成培训场地的最终报价	已完成	100%
……			

下周工作安排

主要工作	工作计划
任务A	完成课程方案的最终版设计
任务B	完成与一名外包讲师的签约
任务C	完成培训场地的签约
……	

遗留问题及应对措施

序号	问题/风险描述	应对措施	负责人	计划解决时间	实际完成时间	状态
1	一名讲师的时间有冲突	继续寻找其他讲师	祝××	下周三	——	解决中
2	人员出差可能受限	动态关注	张××	持续关注	——	未解决
3	……					

提问一刻：

- 你在项目进展报告中是否遵循了"告知利益相关方想知道的，而不是我想表达的"这一原则？
- 在你的项目中，时间触发和事件触发的报告机制是什么？
- 你是否尝试过用一页纸完成项目进展报告？

19

设置固定点收尾，发挥"峰终效应"

　　项目交付的最后一个阶段即收尾阶段。项目需要明确结束的时间点，这个时间点对项目团队来说就是终点线。正是因为终点线的存在，项目团队才能充分体现出临时性组织方式不同于职能组织方式的价值所在。

　　当我们观察那些成功的项目时可以看到，当项目接近终点线时，团队成员往往会更拼一些，这时大家开始努力减少余下的项目任务。这就好比是 4×100 米接力赛的最后一棒冲刺，团队成员全部聚焦于项目目标的达成。尽管每位团队成员都有自我意识，但在这一刻，他们往往能够将团队的集体利益置于个人利益之上，愿意为了团队利益而短期牺牲自我利益。因此，项目需要设置固定点收尾，也就是团队到达的终点。

终点可以激发人们去实现目标，可以帮助项目团队更加坦然地进行"断舍离"，更加聚焦于项目目标。项目经理在这个阶段需要明确项目的最终目标并将实际结果可视化，同时奖励那些为团队贡献力量的成员。奖励要以工作成果为依据，从某种角度来说，这也许不够公平，但工作成果是项目团队价值的体现，即实现团队目标，而不是"我们已经尽力了"。团队成员加入团队的时间有先后，各种原因导致大家的参与程度不同，特别是在对项目目标的认知程度上往往存在差异。通过项目终点的倒计时仪式，设置新的起点，让团队成员放下包袱，可以增强团队成员的时间紧迫感，有效激活团队成员，特别是处于游离状态中的团队成员，让大家最后一次重新出发，全力以赴，全情投入，放手一搏，完成最后冲刺，体验到达终点的"峰终效应"。

贴士：什么是"峰终效应"

在体验过某项事物后，人们所能记住的只是高峰时与终点时的体验，而过程中好的体验与不好的体验的比重或时间长短，对记忆几乎没有影响。

如果项目结果好，那么一切曲折都是故事；如果项目结果不好，那么一切曲折都是事故。无论我们自己还是项目团队，遵循和打造"峰终效应"都是一种对人生的升华。

提问一刻：

- 在你的项目中，如何设置固定点收尾？
- 在你的项目中，你是否最大化发挥了"峰终效应"？
- 在你的项目中，你要如何善用倒计时的仪式感？

20

学会复盘，持续精进

高水平的项目经理是通过做项目历练出来的，经验与教训对他们来说是最宝贵的财富。从经验与教训中学习是项目管理的重要原则之一。经验与教训主要来自我们对项目的主动复盘。

"复盘"原是围棋术语，本意是对弈者下完一盘棋后，重新在棋盘上把对弈的过程摆一遍，看看哪些地方下得好，哪些地方下得不好，哪些地方可以有不同甚至更好的下法。这个把对弈过程还原并且进行研讨、分析的过程就是复盘。

通过复盘，棋手们可以看到全局及整个对弈过程，了解棋局的演变，总结出适合自己的和不同对手对弈的套路，或者找到更好的下棋方法，从而提升自己的能力。

在管理中，复盘是指从过去的经验和实际工作中学习，从而帮助管理者有效地总结经验、提升能力、发现机会、提高绩效。

学习复盘，我们首先要掌握复盘的四个原则（见表 4-5），这样能使我们更快、更好地把握复盘的精髓。

表 4-5　复盘的四个原则

原则	解释
从亲身经历中获取信息	人类的学习途径可以分为"自己学习"和"向他人学习"两大类。"自己学习"的主要方法是复盘，即从自己过去经历的事件中获取信息，并对信息进行加工与处理
从经验中学习	人类能够通过"试错法"进行学习，成年人最主要的学习来源是过去的经验，而复盘就是从自己过去的经验中进行学习的结构化方法
实时复盘	人都是感性的，第一时间的直觉和感受往往更趋近于真实，因此做到有效复盘的一个重要原则是"越快越好"
以学习为导向	复盘是以学习为导向的，不同于一般的工作总结。通过培训、听讲等形式获得一些知识和信息不是学习的根本目的，学习的根本目的是获得一些启发，增长见识和能力，从而提升个人的行动能力，使自己的行动更加有效。因此，检验复盘质量的标准是看后续行动是否更加有效，既不能仅仅明白"这样做不对"，也不能只是做了一些所谓的推演、假设就算完事

做好项目复盘有两个必备条件：一是团队成员要避免基本归因错误；二是需要有合适的项目复盘工具。

避免基本归因错误

基本归因错误是心理学中的概念，含义是人们往往倾向于把他人做出错误行为的原因归结为其自身的性格、素质等，认为是由其内因造成的，而将自己的错误行为产生的原因归结为环境因素，认为是由外因造成的。例如，如果我看见一个爸爸在幼儿园门口对他 5 岁的女儿怒目而视、大声呵斥，那么我可能认为他脾气粗暴；但如果我在幼儿园的门前对自己 5 岁的儿子大发雷霆，那么我可能会认为自己的行为是由孩子的任性导致的。

在这种错误的归因中，我们将自己的错误归因于外力，即所处的环境，却将别人的错误归因于其内在自身原因。如果不能正视自己的问题，我们就无法反思过去，更谈不上面向未来。

有一些做法可以帮助我们跨越基本归因错误，如帮助团队成员了解彼此，让他们掌握尽可能多的信息，但最好的方法是我们每个人真正放下骄傲和恐惧，真正希望我们可以在未来做得更好。只有团队成员时刻提醒自己不犯基本归因错误，才能对项目进行有效复盘。

项目复盘工具

下面这个复盘模板（见表 4-6）是项目复盘中常用的、简单的工具。

表 4-6 项目复盘工具

复盘模板			
主题		时间	
地点		参与者	
事件／活动／项目概述			
1. 回顾目标	2. 评估结果	3. 分析原因	4. 总结经验
初衷： 目标／关键结果：	不足： 亮点：	失败的根本原因： 成功的关键要素：	关键发现： 行动计划：

项目复盘的多重迭代

多重迭代是项目复盘的常见操作模式，即将复盘融入项目过程，分级、分阶段地逐次进行。

具体来说，在进行项目复盘时，首先要分层级进行复盘（见表 4-7）。

表 4-7　分层级进行项目复盘

层级	描述
项目交付小组	对于一些较为大型的项目，组织全员聚在一起进行复盘并不现实，但可以以交付小组为单位进行复盘
项目团队	项目的进展离不开各交付小组的通力协作，因此，项目团队也要及时进行复盘。对于一些较为大型的项目，如果无法组织全员参与，那么可以选择各交付小组的负责人及项目骨干参与复盘

无论交付小组层面还是项目团队层面，都可以在四个阶段进行复盘（见表 4-8）。

表 4-8　分阶段进行项目复盘

阶段	描述
对关键活动或事件进行复盘	关键细节决定成败。在项目过程中，无论交付小组还是项目团队，都要及时对项目当前的重要事件或关键节点进行复盘，特别是针对一些新的、重要的、未达预期的事件或活动进行复盘
定期回顾项目	对项目经理来说，建立沟通机制是日常工作的一项重要内容，如周例会、月例会。我们可以将常规的进度汇报、问题研讨变成复盘会议
项目的阶段性复盘	在项目各个里程碑阶段进行复盘，总结上一个阶段的工作和可以应用于后续项目工作的经验
项目的总体复盘	在项目结项不久后进行总体复盘

　　基于多重迭代的项目复盘充分体现了敏捷的特性。毋庸置疑，做好项目复盘工作的关键是人。项目领导者的重视、参与者的态度，这些都是直接影响项目复盘效果的重要因素。更重要的是，项目复盘对项目经理来说不是一项额外的工作，而是一种推进项目进展、提升团队能力的方法，更是项目经理持续学习、持续精进的一条有效路径。

提问一刻：

- 在你的项目复盘中，要遵循什么原则？
- 当你进行项目复盘时，是否具备了项目复盘的两个必备条件？
- 在你的项目中，你会选择在什么时机以什么样的方式进行复盘？

第五部分

贯穿项目始终：

知彼知己，有效沟通

本书的这一部分阐述了项目管理中侧重于"软技能"的一些常用内容，包括如何使用 4D 系统；如何识别团队成员的隐形天性，从而做到知人善任；以及如何在与利益相关方的沟通中选择和使用正确的策略、方法和技巧。此外，这一部分还介绍了如何激发与掌控 38℃冲突，从而更好地为项目团队赋能。

21

让合适的人做合适的事

关于如何进行明确的项目人员角色分配和任务分工，虽然理论方法已经相当成熟，成功案例也十分丰富，但是大多数方法更关注人员显性的专业素养和能力。实际上，由于项目团队任务的多样性，有些任务是独特、复杂甚至模糊的，如果只凭一个人显性的专业技能或过去的能力来分配角色任务，就容易掉进项目任务分工的陷阱——认为每位团队成员都是理性的，只要考虑了团队成员的能力、明确了团队成员的任务、团队成员有了承诺，他们就会全力以赴地高效执行任务，最后就能很好地完成任务目标。

但无数的经验与教训告诉我们，对于项目团队的任务分工和角色分配，不仅要考虑团队成员的显性特征，而且还要考虑其隐形天性，也就是团队成员不戴面具时的本色。人的隐形天性常常会导致出人意料的糟糕局面甚至极端行为，尤其是在高压力、快节奏的临时性项目环境中。而项目经理往往处于非职权状态中，不可能通过直接命令让团队成员行动。

▎贴士：关于天性的小故事

一只蝎子要过河，但它不会游泳，正当它要放弃的时候，一只青蛙游了过来。蝎子喊道："青蛙老弟，请背我过河吧。"青蛙说："我才不呢。你要蜇我的话，我们两个都会淹死。"蝎子说："我怎么会蜇你呢？我不会那么蠢的。"青蛙想了想说："那好吧，你跳上来吧。"于是它们出发了，游到河中间，青蛙感觉背上像被针刺了一样，它赶忙说："天啊，你要害死我们两个吗？你为什么要蜇我？"蝎子回答："因为蝎子就是蝎子。"

同样的道理，人往往也会按天性做事，即使这样做对他没有什么好处。有时人的天性会胜过理性！

运用 4D 系统，快速了解人的天性

今天，4D 系统经常被项目团队用于测试天性，因为它来源于项目场景，又服务于项目场景，并且它的使用简单、快捷。

▎小贴士：无处不在的 4D 系统

4D 系统由曾任美国国家航空航天局（NASA）天

文物理学部门主任查理·佩勒林（Charles Pellerin）博士创立。他在 NASA 任职期间，正好亲历了以哈勃望远镜项目为代表的一大批重要天文项目。其中，哈勃瑕疵镜片造成的重大失败深深触动了佩勒林博士，于是自 1995 年从 NASA 退休后，他转赴科罗拉多大学商学院研究并教授领导学。他开始深入探究团队场域对团队成败的影响，由此开发出 4D 系统，用来辅导 NASA 及更多组织塑造健康的团队场域，促进了高绩效的产生。

4D 系统丰富多维且简单可行，其中核心元素之一就是 4D 天性测评。基于该测评，我们可以在团队这个大主题下找到很多可以应用的领域，如人际沟通协作、人与事的适配、团队能力及文化发展等。在探讨这些应用领域之前，我们先了解一下 4D 天性测评维度（见图 5-1）。

查理·佩勒林博士基于卡尔·荣格（Carl Jung）的心理学成果，在人类经常性的大脑活动中选取了两个维度，即获取信息的方式和做决策的方式，将其作为横纵坐标，从而形成了四个区域，分别代表四种不同的天性，即情感直觉型、情感感觉型、逻辑直觉型、逻辑感觉型。

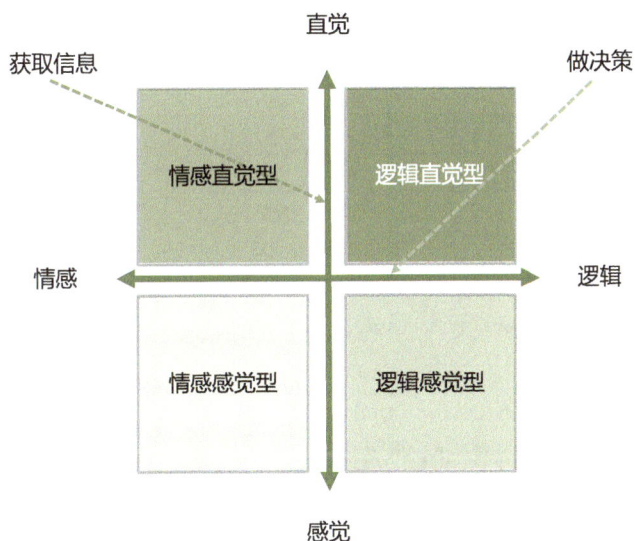

图 5-1　4D 天性测评维度

下面请你做一次测评，了解自己的天性倾向，看看内心最真实的那个自己。

4D 天性测评（见表 5-1）非常简单，共有两组题，每组 7 道题，每道题有左右两种表述，没有对错、好坏之分，你只需要选出符合自己内心想法的表述并在旁边打钩即可。更便捷的方式是通过"敏控敏控"小程序的"团队成员天性"测试功能直接进行测评。

表 5-1　4D 天性测评

第一组（X 轴）

序号	情感型决策	请打钩 左	请打钩 右	逻辑型决策
1	基本上，关系和谐很重要			关系和谐是达到目的的手段
2	凭"感觉好不好"行事			凭"合不合理"行事
3	首先考量的是他人的感觉			首先考量的是事情的正确性
4	倾向和谐的关系			倾向做对的事情
5	倾向与大家达成共识后做决策			倾向根据自己内心的想法做决策
6	重要的是，信赖我的感觉			重要的是，信赖我的理智
7	不喜欢冲突对立			即使冲突对立，也没有关系
	打钩总数			打钩总数

第二组（Y 轴）

序号	靠直觉获取信息	请打钩		靠感觉获取信息
		左	右	
1	依靠我的内在直觉			依靠我的观察和发现
2	偏重思考"可能是什么"			偏重思考"是什么"
3	倾向天马行空的创意			倾向显而易见的尝试
4	行事凭灵感			行事凭仔细分析
5	倾向在概念和布局上下功夫			倾向在数据与资料上下功夫
6	看重全局			看重细节
7	喜欢远大构想、变化			喜欢确定下来的东西
	打钩总数			打钩总数

资料来源：《美国国家航空航天局如何建设团队》（*How NASA Builds Teams*）。

测评开始前的三点提示：

- 凭直觉选择，不要评判对与错，也不要揣测背后的意义；

- 做出选择以后，不要检查，也不要更改；

- 不要着急开始，先让自己回想一个 25 岁之前的场景，然后安静、舒缓地置身于这个场景中。

当你确认已经做到了以上三点，你的测评结果就能接近真实的天性。

现在请你将第一组中打钩总数更多的维度和第二组中打钩总数更多的维度结合，在图 5-2 中找到自己的天性倾向象限。比如，如果你的"情感型决策"的打钩总数为 5，"靠直觉获取信息"的打钩总数为 4，那么你应当是绿色天性的人。这里需要特别说明的是，尽管一个人可能同时具有四个象限的特性，但其中会有一个象限的表现最为突出，这一突出的颜色就被定义为这个人的天性颜色。

4D 天性颜色的解读

4D 天性颜色代表了什么，具体如图 5-2 所示。

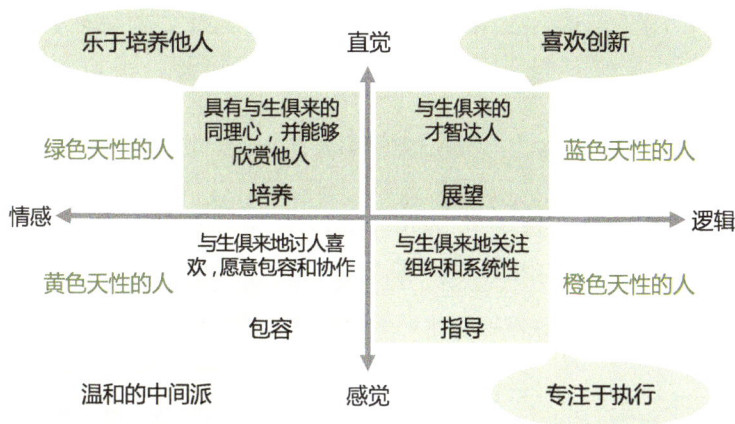

图 5-2　4D 天性颜色

- **绿色天性的人**：这类人的关键词是"培养"。他们喜欢帮助他人，给予他人关爱和欣赏，就像泥土滋养植物的生长；他们关注他人的需求和共同价值，乐于理解他人；他们喜欢思考高远的话题，如价值观和人类未来；他们所追求的结果是在不损害他人利益的前提下取得成功。

- **黄色天性的人**：这类人的关键词是"包容"。他们能够包容他人，善于和大家打成一片；他们关注团队关系的和谐，以促成团队合作为乐，就像红绿灯中的"黄灯"；他们是人群中看起来最温和、大家最愿意接近的人；他们追求的结果是通过配合取得成功，而不是靠个人英雄主义。

- **蓝色天性的人**：这类人的关键词是"展望"。他们总是会思考和想象，就像仰望蓝天时一样，让人充满希望。（有一种幽默的说法是，因为蓝色天性的人在当众讲话时眼睛从来不看向观众，而是望向远处的天空，所以他们被称为蓝色天性的人。）他们往往具有出众的才智，所以经常会有好主意；他们追求的结果是通过把事情做到极致而取得成功，通过墨守成规而取得的成功对他们来说没有成就感可言。

- **橙色天性的人**：这类人的关键词是"指导"。他们信奉组织、流程和秩序，就像太阳系的运作一样有规律，严谨而认真。他们关注确定性，喜欢做计划，以靠谱的执行为乐，以规则和纪律来要求自己和他人；他们追求的结果是依靠一致性和规范的流程取得成功。

基于 4D 天性测评结果，做到知人善任

团队成员与任务相匹配

项目经理如果有选择的权力，那么能够做到将团队成员与任务相匹配就是上策。事实是，很多时候项目经理没有选择的权力，因此需要避免产生不匹配的冲突，考虑怎么跨越不匹配的坑。4D 天性测评结果就是帮助项目经理将团队成员与任务进行正确的匹配。绿色天性和黄色天性的人是以人为导向的，蓝色天性和橙色天性的人是以事为导向的。

在实际的项目场景中，怎样避免冲突是项目经理需要重点关注的事情之一。专业技能能否满足要求是显性的，很容易知道。如果任务和人的天性相匹配，那么人就会在工作中比较快乐。比如，让蓝色天性的人去做团建之类的工作，他会比较痛苦；让橙色天性的人去做培养他人的事，他会没有耐心。

项目经理与项目相匹配

项目经理一般可以代表团队，团队和项目的匹配度也需要格外关注。如果将一个创新性很强的项目交给一个橙色天性的团队，那么基本是推不动的，因为橙色天性的团队很难做到创新；如果将一个偏交付的项目交给一个蓝色天性的团队，那么项目同样很难落地，因为蓝色天性的团队的关注点更多在创新上。当然，对于项目和团队的匹配问题，可以提前做一些预判，然后找一个与项目相匹配的项目经理来负责。

团队与关键利益相关方相匹配

关键利益相关方一般涉及项目发起方、项目经理、承包商等，只有将这些利益相关方进行有效组合，才能更顺利地交付价值。发起方更需要由创新性强的蓝色天性的人来承担职责，项目经理和承包商需要由执行力强的橙色天性的人来承担职责。当然，项目经理在处理和承包商之间的关系时，需要兼具包容力强的黄色天性，这样才能和承包商建立一个和谐、信任的环境。在这个过程中，团队要和关键利益相关方相匹配。在项目早期，团队需要和发起方一样具备蓝色天性，充分发挥出创造性；在项目实施阶段，团队更需要和项目经理、承包商一样具备橙色天性，承担更多的交付落地工作。

总之，所有那些出现匹配问题的地方都是项目的风险点。

项目经理可以使用项目任务与团队成员天性匹配表（见表5-2）来处理人与事相匹配的问题。这也是 NASA 在项目中的一贯做法，即每位入职 NASA 员工的档案里都会记录其天性颜色，并且在做项目的时候，会将所有团队成员的天性颜色和项目任务做一个是否匹配的测试。

表 5-2　项目任务与团队成员天性匹配表

任务	团队成员						
	小王	小李	老张	老杨	小刘	老贾	小于
AA				× ×		×	× ×
AB		√	× ×		× ×		
BB		× ×	√	√	√		
BC	× ×						

（续表）

任务	团队成员						
	小王	小李	老张	老杨	小刘	老贾	小于
BD						√	
CC	×	×	×	×	×		√
CD						√	√
DD	√					× ×	

注：√代表完全匹配；×代表不匹配，但可以容忍；××代表不匹配，也不能容忍。

如果发现不匹配的问题，就意味着可能会对项目结果有影响。如果这项任务不难，那么问题不大；如果这项任务难，就很容易产生冲突。那么就需要尽快进行调整，选择相对适合的人来承担这项任务。

想要掌握这种方法，作为项目经理，一个基本前提是对人有好奇心。通过 4D 天性测评方法快速判断他人的天性颜色，可以更快地了解这个人的状态，避免很多误解，并帮助我们快速找到一个适合与其沟通的方式。

基于 4D 天性测评结果进行刻意修炼，打造全能团队

大部分项目是无法选择团队成员的，在这种场景下，项目经理如何进行人员组合很重要。如果你愿意，可以尝试进行刻意修炼。这是在项目团队缺乏合适的成员，进行退而求其次的选择时可以采用的方法。

根据 4D 天性测评结果，4 种天性的人可以进行以下 8 项行为修炼（见图 5-3）。

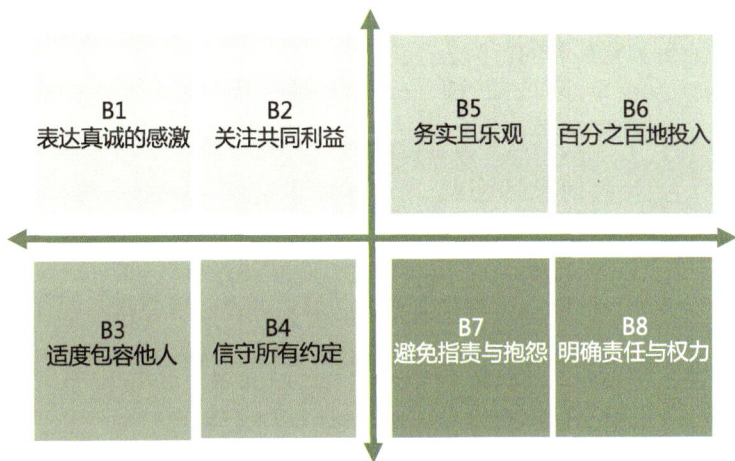

B1 表达真诚的感激	**B2** 关注共同利益
B5 务实且乐观	**B6** 百分之百地投入
B3 适度包容他人	**B4** 信守所有约定
B7 避免指责与抱怨	**B8** 明确责任与权力

图 5-3 8 项行为修炼

B1：表达真诚的感激

绿色天性的人需要表达真诚的感激。特蕾莎修女（Blessed Teresa of Calcutta）曾经说过："世界上人们对爱与感激的渴望远远大于对面包的渴望。"美国商会的一份报告指出，员工在工作中最想得到的是感激。要想真诚地表达感激，首先需要由衷地感恩。"HAPPS"是表达感激的一个技巧：H（Habitually）代表养成感激的习惯；A（Authentically）代表发自内心真诚地感激；P（Promptly）代表及时地表达感激；P（Proportionally）代表适度地表达感激；S（Specifically）代表基于事实和具体的行为表达感激。

B2：关注共同利益

绿色天性的人需要关注共同利益，群体归属感是人类深层次的需求之一，所以跨部门的项目往往会遇到非常多的困难，这时需要更多思考的是，你所需要的是不是恰好我能给的。找到共同利益，把关注点放在共同利益上，协作起来会相对容易得多。协作是一种选择，而不是一种美德。人们通常会按照自己的理由做事，而不是你的理由，正是这样的道理。

B3：适度包容他人

黄色天性的人需要适度地包容他人。人们对被包容的渴求如同对被感激的渴求一样。在工作场景下，大多数人都戴上了角色面具，表现出来的行为比较缺少真诚。而黄色天性的人往往更关注大家在一起时的感觉，容易过度包容他人，所以对黄色天性的人来说，包容要适度，要有一定的基本原则。

B4：信守所有约定

黄色天性的人需要信守所有约定。戴明品质管理公司主管约翰·惠特尼（John Whitney）认为，由于不信任，高达一半的日常业务活动被干扰或浪费。人们往往以自己的意愿评判自己，却用他人的行为表现评判他人。黄色天性的人关注当下的感觉，缺乏目标感，所以黄色天性的人需要基于一定的目标感来信守所有约定。

B5：务实且乐观

蓝色天性的人需要务实且乐观。务实的乐观可以使不可能变成可能。蓝色天性的人关注如何创新，但是往往创新的点子不容易落地。蓝色天性的人需要更关注现实，关注如何从现实出发，找到理想与现实之间的差距，探索出从现实到理想之间的路径，一步一步付诸行动，达到想要的结果。

B6：百分之百地投入

蓝色天性的人需要百分之百地投入。蓝色天性的人在乎创新，却不注重创意的实现。蓝色天性的人需要基于创新的点，沉下心来百分之百有目的地全身心投入到最重要的事情中，完成从创意到结果的实现。

B7：避免指责与抱怨

橙色天性的人需要将抱怨转化为请求。如果团队成员的项目报告提交晚了或项目交付迟了，那么橙色天性的项目经理就很容易抱怨。这时，项目经理需要将抱怨变成请求，比如，"请在今天下班之前提交报告，必须提交"，项目经理需要用这种方式来管理团队成员，而不是"你怎么又没提交"。

B8：明确责任与权力

橙色天性的人需要厘清角色、责任与权力。橙色天性的人倾向于有规律地执行。项目中的团队成员需要搞清楚别人对他们的期待，先定位好自己的角色，明确自己的责任，同时也需要一定的授权。比较好的一种方式是在项目运行过程中建立流程秩序，让不同角色的人在整个流程中执行自己的任务，找到运行过程中欠缺系统性的混乱不堪的情况，然后有针对性地解决与改进。

完成这 8 项修炼其实是很难的，所以，最好的解决方法是将人与事相匹配。对项目团队而言，尽可能将 4 种天性颜色的团队成员配齐，使团队整体比较均衡。

众所周知，要在项目团队中建立一个信任的环境很难。最好、最直接的方式是彼此坦诚，直面自己的天性颜色，承认自己的短板，这样大家就会发现原来彼此都是不同的人，他人的一些做法不是和谁过不去，而是他们的天性使然。每个人都有自己擅长做的事和不擅长做的事。在项目中，我们不要硬撑着做自己不擅长的事，我们可以改变自己做事的方式，与团队沟通协作，这就是修炼。在这种情况下，项目经理需要找到什么是团队成员想要的，同时也是自己能提供给他们的。人们常常为自己的理由而不是他人的理由做事，所以项目经理需要给他人一个适当的理由，这就意味着需要找到共同利益。

提问一刻：

- 通过 4D 天性测评，你和你的团队成员的天性颜色是什么？你的团队成员与项目任务的匹配程度如何？
- 在你的项目中，你是否考虑运用组合效应，配齐 4 种天性颜色的团队成员，从而实现优势互补？
- 你最想刻意修炼哪项行为？

22

与利益相关方的沟通策略、方法和技巧

　　知己知彼，方可深入了解利益相关方的需求和期望，并清醒地认识到他们的影响力和兴趣关注点。这一点对项目的成功尤为关键，无论项目经理扮演的是何种角色。这是因为，一方面，他们当中有将来项目产出物的使用者和维护者；另一方面，他们往往也是项目成功与否的评价者。

项目经理可以使用利益相关方识别和分析表（见表 5-3）
来了解和认识不同的利益相关方。

表 5-3　利益相关方识别和分析表

利益相关方	态度				权力/影响力	
	不知晓	反对	中立	支持	较高	一般
S1				C、D	√	
S2		C		D		√
S3			C	D		√
S4	C			D	√	

注：C 表示利益相关方当前所持的态度，D 表示需要利益相关方所持的态度。

项目中利益相关方对项目所持的态度可以分为四种，对于
持不同态度的利益相关方要采用不同的方式进行沟通。这四种
态度如下。

- **支持**：如果项目中几位关键利益相关方对项目的态度是支持，那么项目成功的概率会很大。项目经理在项目过程中要有意地去引导关键利益相关方支持项目。

- **中立**：其实项目中大多数人对项目持中立态度。项目经理要尽

可能地将利益相关方的态度由中立转变为支持，如果这种转变
比较困难，那么尽量确保其维持中立的态度，只要不变成反对
即可。

- **反对**：利益相关方的反对态度对项目成败的影响很大，项目经
  理要尽量将这部分人的比例控制在一定范围内。对于持反对态
  度的利益相关方，项目经理要思考如何让他的态度由反对转变
  为中立。

- **不知晓**：如果项目经理不知道利益相关方对项目持什么态度，
  那么需要先确认，然后再开始沟通。

利益相关方识别和分析表（见表 5-3）记录了利益相关方
所持的态度，C 表示利益相关方当前所持的态度，D 表示团队
评估出来为确保项目成功而需要利益相关方所持的态度。如果
C、D 在同一栏，那么表明实际的态度和需要的态度一致，这
是项目中比较理想的情况；如果 C、D 不在同一栏，就需要引
导利益相关方，或者通过寻找共同利益，使其态度往需要的态
度上转变。

项目经理针对持不同态度的利益相关方，需要选择合适的策略、方法和频次去沟通，如此才会有效果。根据利益相关方从项目中可获得的利益、利益相关方对项目的影响这两个维度，可以形成一个利益相关方分析矩阵。其中，利益可分为高、中、低三个等级，影响也可以分为高、中、低三个等级，将这两个维度结合就形成了一个九宫格样式的利益相关方沟通策略矩阵（见图 5-4）。其中，三条对角虚线将利益相关方的沟通策略划分为 A、B、C、D 四个区域。

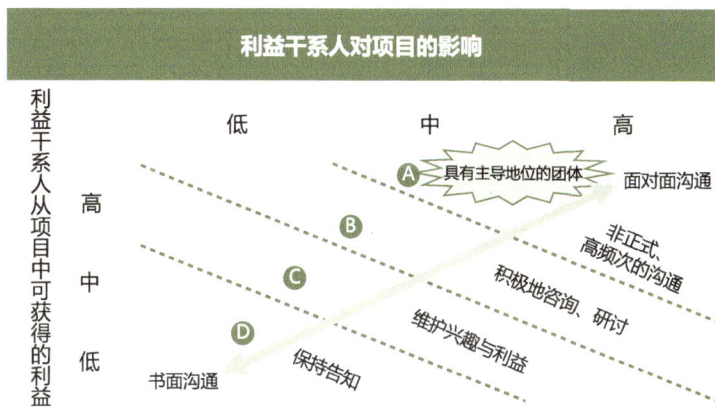

图 5-4　利益相关方沟通策略矩阵

A：利益相关方的利益等级和影响等级都高，这些人就是项目的关键利益相关方，也就是我们常说的 VIP。需要采取的沟通策略是非正式、高频次的沟通。沟通方式为一对一、面对面的沟通。对于这类利益相关方，要把注意力放在沟通效果上，而非效率。

B：利益相关方的利益等级和影响等级为中等偏高，表明利益相关方的影响程度较高。需要采取的沟通策略是积极地向他们咨询并与其进行研讨；将他们视为意见领袖，先征求他们的意见，在此过程中让他们感受到被尊重，从而使其更容易表达对项目的认同，即支持项目。专业上的权威人士、组织里的资深员工通常属于这类利益相关方。跟他们沟通，要先征求他们的意见。一般情况下，如果这类利益相关方支持项目，那么他们不会对项目产生不利的影响，但是如果他们表示反对，那么他们对项目的影响就会很大。所以，沟通的目的是让他们起码不会对项目持反对态度。

C：利益相关方的利益等级和影响等级为中等偏低，表明利益相关方的影响程度有限。需要采取的沟通策略是维持他们的兴趣与利益。这类利益相关方通常对项目的态度是中立的，需要定期与他们建立联系，使他们保持对项目的兴趣并维护他们在项目中的利益。

D：利益相关方的利益等级和影响等级都偏低，表明利益相关方的利益最少。需要采取的沟通策略是保持告知，告知方式主要有批处理、邮件通知等。需要注意的是，对于持中立态度的利益相关方，一定要告知他们项目信息，如果他们需要从其他地方了解项目信息，那么他们对项目的态度很可能会变成反对，这样就麻烦了。

如果利益相关方特别复杂，那么项目经理就需要一步一步地按照利益相关方的管理规则走，不能图省事。要先识别利益相关方，然后对他们进行分类，针对不同类别的利益相关方，要采取合适的沟通策略。如果任务难度比较大，就一项一项列出来，一点一点沟通，否则很可能会有遗漏，或者不达标。比如，针对需要多部门协作的项目，需要老老实实地把利益相关方分析矩阵做好，把利益相关方的名字都写进去，并且定期查看跟利益相关方的沟通情况，及时采取适当的策略进行沟通。

需要特别注意的是，有些利益相关方与项目没有直接的利益关系，但却是很重要的利益相关方。对于这部分人，可以考虑把他们排除在项目范围外，同时挖掘他们的利益点，把他们变成持中立态度的"观众"。事实上，利益相关方对项目持反对态度并不可怕，最糟糕的情况是项目经理把反对者误认为是支持者。项目经理不要按照自己的偏好提前给利益相关方的态度下定论，而要基于事实去观察和验证。

贴士：跨职能性高的项目的沟通策略

对于跨职能性高的项目，在沟通过程中，需要寻找大家共同的利益，时刻牢记跨职能性高的项目是因为人们共同的利益而不仅是各自的职责而存在。只有关注他人的 KPI，并在项目中尽可能帮助他人实现 KPI，他人才会配合我们完成项目。对于这类项目，优先要做的就是构建项目的利益共同体。如果团队是跨职能的，项目经理是临时的，那么利益共同体根本就不存在。在这种情况下，工作挑战非常大。所以，首先要构建项目的利益共同体，只有发起方、受益方和交付方（SUP）三方代表在项目完成后有利益可以共赢，SUP 三方代表的员工才会配合。所以，需要通过构建利益共同体使 SUP 三方代表成为项目的支持者。

接下来，需要老老实实地完成利益相关方分析矩阵。实际上，项目经理在仅拥有微权力的项目环境下并没有获得很多人的支持，大多数人持中立态度，只要他们不反对就好，这是很重要的一步。所以要思考怎么让更多的人不反对，尤其是关键利益相关方。如果能够获得关键利益相关方的支持，那么项目成功的概率会提升，否则我们很可能不知道项目什么时候就失败了，因为他们对项目有很大的影响力。要通过结构化的利益相关方分析矩阵，把利益相关方都列出来，通过分类分级，采用合适的策略与方式进行沟通。请牢记，项目经理要通过观察利益相关方的具体行为而不仅是口头表达来验证他们的真实态度。

综上所述，与利益相关方沟通，首先要找到他们共同的利益，然后再采取合适的策略和方式进行沟通，比如示弱。实践证明，沟通中示弱比示强所产生的效果要好得多。有时候，人需要适当示弱，尤其是项目中的技术专家，他们往往因为不能接受自己的权威被挑战而忽视项目的结果。所以，项目经理需要特别注意，为了做成项目，适时示弱是最有效的策略。

提问一刻：

- 在你的项目中，发起方、受益方和交付方（SUP）三方代表对项目所持的态度是什么？

- 在你的项目中，针对不同的利益相关方，你会采取什么样的沟通策略和方式？

- 在与利益相关方的沟通中，你是否尝试过示弱策略？

23

激发与掌控 38℃冲突

有经验的项目经理都知道，在团队的创建阶段，往往是和谐与冲突共存的，人与人的思想碰撞由此开始。

38℃冲突是团队理想的冲突状态。要探讨这个话题，需要先从一个自我测评开始。

下面这份测评表是一个快速测评工具（见表 5-4），可以测评你习惯使用的冲突应对方式。在做测评时，回想一下过去你遇到此种情况时的反应，然后再选择答案，从而避免主观想象和仔细斟酌。

表 5-4　冲突应对方式测评表

是 / 否	有时候，我不愿意和我讨厌的人接触
是 / 否	因为不喜欢和对方打交道，所以我不愿意回电话或回复邮件
是 / 否	当人们提出棘手或尴尬的问题时，我总是试着转移话题
是 / 否	当谈到令人尴尬或充满压力的问题时，我会隐藏自己真实的想法
是 / 否	在隐藏自己的真实想法时，我会通过开玩笑的方式或含沙射影的话语来暗示自己的不满
是 / 否	在提出棘手问题时，我会用虚伪的奉承作为糖衣炮弹
是 / 否	为了强调自己的观点正确，我有时会夸大事实
是 / 否	如果说不过别人，我会打断对方或转移话题，等待合适的时机再提出来
是 / 否	如果对方的观点愚蠢至极，我会毫无保留地告诉他
是 / 否	当听到令人吃惊的观点时，我会说些让对方感到沮丧或生气的话，如"一派胡言"

（续表）

是 / 否	当对话变得棘手时，我会从与对方争论发展到对对方进行人身攻击
是 / 否	在激烈的讨论中，我常常表现得很粗鲁，让对方感到屈辱或受伤

接下来，请填写下面的测评表（见表 5-5），表中每种冲突应对方式包含两个问题。如果你的回答为"是"，就在方框中打钩。

表 5-5　冲突风格与冲突应对方式测评表

沉默式冲突 □	暴力式冲突 □
退缩 问题 1 □ 问题 2 □	控制 问题 7 □ 问题 8 □
逃避 问题 3 □ 问题 4 □	贴标签 问题 9 □ 问题 10 □
掩饰 问题 5 □ 问题 6 □	攻击 问题 11 □ 问题 12 □

在沉默式和暴力式两大冲突风格中，打钩数量最多的那一类就是你的冲突风格。也有可能两种冲突风格的打钩数量一样多，这表明你是有情感的人，而不是冰冷的机器。实际上，很多人都会表现出这两种极端化的冲突风格，一开始会隐忍不发，到最后变成令人害怕的"怪物"。在每种冲突风格中有三种细分类型，打钩数量最多的就是你习惯使用的冲突应对方式。

沉默式冲突包括所有有意拒绝交流观点的行为，表现方式有很多，如玩文字游戏或不理睬对方。常见的三种沉默式冲突应对方式是退缩、逃避和掩饰。

- 退缩是指彻底退出对话。如果不是退出对话，就是一拍两散。
- 逃避是指完全避开敏感话题。虽然表面上在对话，但总是避重就轻，从不涉及真正重要的问题。
- 掩饰是指对问题轻描淡写或有选择地表达观点。冷嘲热讽、甜言蜜语和字斟句酌都是掩饰常见的表现形式。

暴力式冲突包括所有在语言上试图迫使、控制或强迫对方接受自己观点的行为。这些行为会破坏对话的安全氛围。其表现形式有自顾自说、口出秽言、威胁恫吓等。常见的三种暴力式冲突应对方式是控制、贴标签和攻击。

- 控制是指胁迫对方按照自己的思路考虑问题，具体的表现方式有两种：要么强迫对方接受自己的观点，要么在对话中搞"一言堂"。具体做法包括经常打断对方讲话，过度强调自己的观点，大量使用绝对性字眼，经常转移话题，以及使用指令性的语言控制对话过程。
- 贴标签是指给某人贴上标签，把他们视为具有某种特征的一类人。
- 攻击指的就是字面含义。我们往往希望战胜对方，进而发展到希望给对方制造痛苦，具体行为包括贬低和威胁对方。

通过测评，你已经了解了自己的冲突风格和冲突应对方式。在38℃冲突中，你需要努力避免陷入沉默式或暴力式应对的错误习惯，同时，你也可以判断对方是哪种冲突风格及其习惯使用的冲突应对方式。

　　关于项目团队发生冲突的状况，我们可以用图 5-5 展示的冲突轴来说明问题。轴的一端没有任何冲突，我们称之为"表面的和谐"，它代表项目团队成员在共同面对任何问题时所表现出的沉默，抑或是虚情假意的一致的态度，至少表面上是这样的。轴的另一端我们称之为"恶毒的个人攻击"，它代表人们争吵不休，甚至诉诸"暴力"。

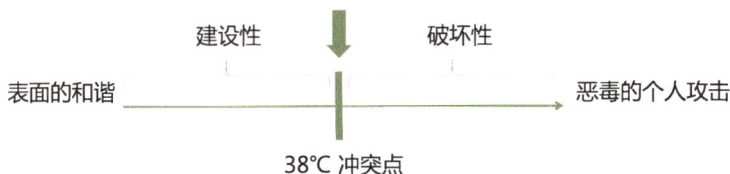

建设性　　　　　　破坏性

表面的和谐 ——————————————————→ 恶毒的个人攻击

38℃ 冲突点

图 5-5　冲突轴

　　当人们离开"表面的和谐"这个极端的表象时，会遇到越来越多的建设性冲突。在这两个极端的中间有一条分界线，越过这条分界线，建设性冲突就变为破坏性冲突。

回顾一下团队成员在项目团队会议中的表现，大多数团队成员会维系表面的和谐，在开会的时候会尽量避免直接的、让人感到不舒服的分歧，或者避免做任何会让他们离开这个舒适区的事情。为什么会这样？这是出于"心理安全"的需求，因为每当人们沿着这条线向中间位置移动时，就会觉得自己离冲突的浩劫更近了一步，所以他们想要逃回消极、非直接沟通和表面和谐的世界里。

此外，很多时候，这种表面和谐的背后还反映出这样一种态度：这件事和我无关，我懒得理你，我用沉默表达我的抗议。因此，我们也称这种表面的和谐为"冷暴力"。

有时候，"冷暴力"比"热暴力"更具杀伤力，因为"冷暴力"所表现出来的无视和冷漠让人们连最起码的交流和沟通的机会都没有了。想一想，"冷暴力"是导致很多夫妻离婚的最直接的原因。

从冲突轴来看，理想的冲突点就是分界线的位置。在这一点上，项目团队经历了所有可能的建设性冲突，却没有越界成为"热暴力"。当然在实际场景中，这很难控制，在任何项目团队中，团队成员都可能会越界，他们的言行不再是建设性的。不过，我们不能因此而害怕，而是要认识到这样的情况难以避免，并学会管理它。慢慢地，团队成员会从略带破坏性的冲突中有意识地恢复过来，并有勇气不断让自己回归理想的位置。最终，团队成员将树立信心，相信自己能够经受住偶尔越界的考验，甚至会变得更加强大，彼此间的信任度也增强了。无论如何，"冷暴力"和"热暴力"这两种极端的情况都是我们需要极力避免的。在项目团队中，我们特别推崇的是牢牢把握住那个理想冲突的锚点，我们称之为"38℃冲突"。38℃冲突就是这样一种理想的冲突状态，既可以解决问题，又不会导致极端的后果。

▎ 小贴士：38℃的冲突状态从哪里来

我们可以用一个关于发烧的医学常识来理解

38℃冲突。发烧意味着身体在清除病原。在受到致热原的刺激后，身体像被注入了兴奋剂一样，不仅体温升高了，同时身体中的免疫系统、细胞、体液这些"防御部队"都被动员起来，把外来的病原体清除掉，对于无法清除的病原体，也会让其无法生长。所以，适度的发烧（38℃）在一定程度上是有好处的，在不借助外来药物的情况下，自己就可能把身体内的病原体清除。38℃是一个分水岭。如果人的体温总是将近38℃，处于低烧状态，那么身体消耗会很大，一般代表潜在的免疫系统受损，需要及时就医。当人的体温高于38℃时，大脑可能指挥不动"防御部队"了，而且持续的高烧可能会使人进入昏迷状态；儿童由于脑功能还未完善，甚至可能出现高热惊厥，这些情况都是十分危险的。因此，发烧至高热时必须及时就医。所以说，38℃的发烧是一种理想的发烧状态。

总之，38℃冲突描述的是一种理想的冲突状态，这种冲突以解决问题为导向。在这种冲突状态中，人们不会保留自己的观点，不会担心提出的问题或分享

的观点会使他人感觉不舒服。人们也会用良性冲突来
表达 38℃冲突的状态。

善用三种策略，掌控 38℃冲突

充分理解良性冲突对团队的价值，可以让我们鼓起勇
气，拥抱冲突。但在现实中，如何掌控 38℃冲突是有策略可
循的。38℃冲突掌控策略可分为上策、中策、下策三种。从
重要性排序的角度来看，上策更趋近于我们希望运用的理想
方法，中策是我们应该掌握的，而下策往往是我们必须掌握
的，也是现实中应用最多的基本功。因此，我们可以先从掌
握下策开始。

关键对话是掌控 38℃冲突的下策

关键对话是指两个人之间的讨论，这种讨论具有三个特

征：彼此观点不同，带有强烈的情绪，谈话可能会有让彼此关系彻底破裂的高风险（见图 5-6）。

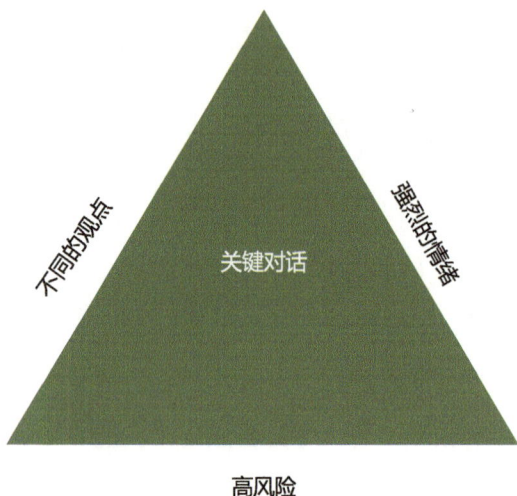

图 5-6　关键对话的三个特征

人的一生总会经历不同层面的关键对话，每次关键对话都应该是难忘的，可能是你与父母、配偶、孩子、领导、同事、朋友之间的对话。在这些关键对话中，你听到了真话，它们是那样的刺耳，对你产生了巨大的影响。

掌控38℃冲突通常可以通过关键对话进行，而掌握关键对话"3+2"模型（见图5-7），也就掌握了掌控38℃冲突的必杀技。

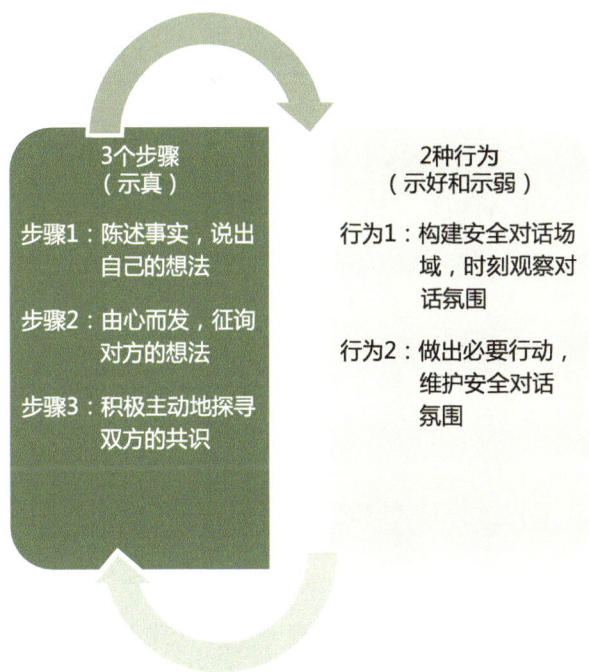

图 5-7　关键对话"3+2"模型

其中，"3"是指关键对话的 3 个步骤。示真，是我们在关键对话中通过这 3 个步骤要传递给对方的直接感受。

- 步骤 1：陈述事实，说出自己的想法。从对方一个具体的行为事件出发，表达自己的观点，对事实行为进行澄清，而不是对对方进行评判。

- 步骤 2：由心而发，征询对方的想法。要有耐心并真诚地邀请对方讲出自己的真实想法。探寻对方真实的利益诉求，而不是对方的立场，因为利益才是立场背后的根源所在。

- 步骤 3：积极主动地探寻双方的共识。不要试图说服对方接受自己的观点，也不用证明谁更强大，而是应该积极寻找可以达成共识的第三种方案，即共赢的解决方案。

"2" 是指关键对话中的 2 种行为。

- 行为 1：构建安全对话场域，时刻观察对话氛围，即示好。在关键对话中，构建能够让彼此坦诚相待的安全对话场域非常重要。这个场域不仅指物理环境的私密性和安全性，还包括关键对话时机的选择。一般来说，非工作场所和非工作时间对双方来说是构建安全对话场域的重要条件。在关键对话的过程中，对话氛围会随着对话的深入而发生变化，因此，我们要时刻观察对话氛围是否安全。

- 行为 2：做出必要行动，维护安全对话氛围，即示弱。如果发现对方有"冷暴力"或"热暴力"两种倾向，应该及时道歉和澄清，让对话氛围恢复到安全状态。

我们在运用上述 3 个步骤进行关键对话的同时，还应时刻注意自己的这 2 种行为，并将其贯穿关键对话始终。

人们总是询问关键对话"3+2"模型有没有可以拿来就用的具体话术？答案是没有，因为每个人的表达习惯存在差异，即便是同一句话，每个人一字不差地说出来，给别人的感受也会千差万别。因此，在进行关键对话的时候，要尽量找到符合自己表达习惯的表述方式。

制定团队 38℃冲突契约是中策

38℃冲突契约形成于项目团队组建初期，承载了团队成员对于良性冲突所形成的共识和承诺。38℃冲突契约的根本目的就是加剧冲突，鼓励冲突。这个契约需要展示在项目团队成员的工作环境中，如会议室或"作战室"（War Room），目的是使其在项目团队协作的时候出现在每个人的视野里，不断提醒每个人遵守它。

38℃冲突契约的形式很简单，就是项目团队在达成共识的过程中发生良性冲突时团队成员行为的正负面清单，即在良性冲突中，什么行为和做法是被鼓励的，什么行为和做法是被禁止的。

38℃冲突契约没有标准模板，要根据团队成员的实际状况自己讨论决定，按需不断完善。例如，在一个内向、不善言辞的项目团队中，我们可能要达成这样一个共识，即在项目团队会议上，每位团队成员都要发言。而在一个外向的、极具表达张力的项目团队中，我们可能要达成这样一个共识，即在项目团队会议上，每位团队成员的发言不超过 3 分钟。不必将 38℃冲突契约分享给任何项目团队以外的人，它的内容要简单、准确，并且要根据项目团队的发展和进化的实时状态而不断迭代。最重要的是，38℃冲突契约的内容是每位项目团队成员的共识和承诺。

小贴士：38℃冲突契约示例

- 勇于表达"我错了"。

- 先得出结论，再换话题。

- 问"傻问题"，提"笨建议"。

- 直接沟通，不绕弯。

- 积极表达，不抱怨。

- 煽风点火制造良性冲突。

防微杜渐是上策

即使我们掌握了 38℃ 冲突中的所有技巧，也不会由衷地喜欢冲突，因为这是人性使然。在项目团队中，有没有一些相对简单的方法可以防微杜渐，对项目团队起到保健的作用？

表 5-6 展示了常见的项目团队保健方法，即团队有效性练习。

表 5-6　团队有效性练习

步骤	活动	内容
1	项目团队的领导者接受来自所有团队成员的逐一反馈	• 从上次练习到今天，项目团队的领导者做了一件让你认为有助于实现团队目标的事，所以你想对他表示感谢 • 从上次会议到今天，项目团队的领导者做了一件让你认为无助于实现团队目标甚至会对团队目标的实现产生不利影响的事，所以你建议他做出改变

（续表）

步骤	活动	内容
2	项目团队的领导者逐条记录团队成员的全部反馈，并在反馈结束时，进行快速回应和承诺	• 哪些建议是自己在短时间内可以改变或调整的 • 哪些建议是自己在短时间内无法改变，并且需要大家的理解和包容的
3	团队成员依次接受来自其他团队成员的逐一反馈	• 从上次练习到今天，项目团队里的一位成员做了一件让你认为有助于实现团队目标的事，所以你想对他表示感谢 • 从上次会议到今天，项目团队里的一位成员做了一件让你认为无助于实现团队目标甚至会对团队目标的实现产生不利影响的事，所以你建议他做出改变
4	每位团队成员都要逐条记录其他团队成员对自己的全部反馈，并在反馈结束时，进行快速回应和承诺	• 哪些建议是自己在短时间内可以改变或调整的 • 哪些建议是自己在短时间内无法改变，并且需要大家的理解和包容的

当练习结束时，每位团队成员都得到了其他团队成员对自

己的反馈，也对其他团队成员进行了反馈。将团队有效性练习做到位，就是几乎所有人在红了脸、出了汗之后，心悦诚服且彼此充满感激。关于团队有效性练习，还有三点需要特别提醒项目团队的领导者注意。

- 团队有效性练习需要定期进行。这种练习可以与项目团队的定期会议结合起来，作为会议的一个议程。
- 控制好时间。每位团队成员的反馈时间不超过 10 分钟。
- 时刻注意不要犯先入为主的主观主义错误，一切反馈需要从团队成员所做的具体事情（行为）谈起，而不要主观臆断。

当项目团队有了明确的目标时，项目经理就要鼓励和激发冲突，因为 38℃冲突会为项目团队赋能。不用担心那些极具杀伤力的人际冲突，因为人与生俱来的包容性会在一定时间内帮助彼此接受对方的弱点和缺点。

提问一刻：

- 你是否考虑过冲突对你的项目团队有积极的作用？

- 对于 38℃冲突的三种掌控策略，你更愿意从哪种策略开始？

后记

发挥非正式权力，成功管理项目、带领团队

众多学员的支持与肯定下，线下培训课程"项目管理第一课"通过一次次的交付和迭代，赢得了越来越多学员的不断复购，这门课程也逐渐有了自己的知名度和美誉。正是基于这个原因，作为这门课程的开发团队，我们决定写一本与这门课程相配套的书，这样我们就可以通过这本书帮助更多的学员在项目管理方面少走弯路，更好地精进。

常常有学员问这样一个问题，学完"项目管理第一课"后还可以学些什么？

项目管理是一种"软硬兼施"的实践，管理和领导一样重要。从项目的任务属性出发，我们需要基于"硬方法"对项目工作进行有效管理，这样可以更好地守住项目底线；从项目的关系属性出发，我们需要使用包括"软技能"在内的一切可用手段带领项目团队勇往直前，这样可以更好地冲击项目目标的上限。管理和领导本就是一件事的两面，就像太极的两仪一样，相辅相成，无法进行纯粹的分割。因为组织中的项目经理往往只有非正式权力，而不具备像职能经理一样的正式权力。在这样的项目情境下，更需要项目经理同时具备软技能和硬技能，针对项目的具体问题采取有效的响应行动。

学完"项目管理第一课"并不是一个结束，而是一个新的开始。大家可以选择不同的管理主题和软技能主题作为自己的"项目管理第 N 课"进行学习、实践和复盘。选择的逻辑是基于个人的实际需要，而不是爱好，这样才能做到知行合一，学以致用。如果把项目管理作为自己的职业方向，拿到一个专业资格证书作为加持，那么也是不错的选择。

借此机会，向华莉老师、刘磊老师和陈正洪老师致谢，感谢他们担任"项目管理第一课"的授课老师，以及为这门课程的开发与迭代贡献力量。感谢人民邮电出版社的编辑团队，因为有你们的支持和帮助，本书才得以顺利出版。感谢我们的家人，在我们交付这本书的过程中所给予我们的理解和包容。

最后，衷心感谢我们的学员和读者朋友，你们的躬身实践和反馈是"项目管理第一课"向"项目管理第 N 课"前进的原动力。让我们一起在这个"事事皆项目，人人皆项目经理"的时代，发挥非正式权力，成功管理项目、带领团队！

参考文献

［1］弗格斯·奥康奈尔.事半功倍的项目管理［M］.王立杰，陈立波，译.北京：人民邮电出版社，2021.

［2］杰夫·戴维森.小型项目管理：给初级项目经理的完整指南［M］.谢怀栋，译.北京：中国青年出版社，2021.

［3］科丽·科歌昂，叙泽特·布莱克莫尔，詹姆士·伍德.项目管理精华：给非职业项目经理人的项目管理书［M］.张月佳，译.北京：中国青年出版社，2016.

［4］乔锐，王二乐，华莉，张梦佳 . 拆·解（第 2 版）

　　［M］. 北京：电子工业出版社，2022.

［5］王二乐，乔锐，华莉，付玲娜 . 理想团队第一课

　　［M］. 北京：北京联合出版公司，2021.

［6］王二乐，韩宾，乔锐，程兴勇 . 敏控项目管理［M］.

　　北京：电子工业出版社，2022.